古代歷史文化研究輯刊

十二編

王明蓀 主編

第 1 冊

《十二編》總目

編輯部編

先秦服飾審美文化

李 梅 著

國家圖書館出版品預行編目資料

先秦服飾審美文化／李梅 著 -- 初版 -- 新北市：花木蘭文化出
版社，2014〔民103〕
目 2+142 面；19×26 公分
（古代歷史文化研究輯刊 十二編；第1冊）
ISBN 978-986-322-881-3（精裝）
1.服飾 2.審美 3.先秦
618   103013889

ISBN-978-986-322-881-3

9 789863 228813

古代歷史文化研究輯刊
十二編 第一冊   ISBN：978-986-322-881-3

先秦服飾審美文化

作　　者 李梅
主　　編 王明蓀
總 編 輯 杜潔祥
副總編輯 楊嘉樂
編　　輯 許郁翎
出　　版 花木蘭文化出版社
社　　長 高小娟
聯絡地址 235 新北市中和區中安街七二號十三樓
　　　　 電話：02-2923-1455／傳真：02-2923-1452
網　　址 http://www.huamulan.tw 信箱 hml810518@gmail.com
印　　刷 普羅文化出版廣告事業
初　　版 2014 年 9 月
定　　價 十二編 20 冊（精裝）新台幣 38,000 元

《十二編》總目

編輯部　編

《古代歷史文化研究輯刊》
十二編　書目

《古代歷史文化研究輯刊》十二編
各書作者簡介・提要・目錄

第一冊　先秦服飾審美文化

作者簡介

　　李梅，女，山東煙臺人，1974 年出生，1997 年入山東大學古籍所古典文獻學專業，師從鄭傑文教授，2000 年獲得碩士學位；2003 年考入山東大學文學與新聞傳播學院文藝美學專業，師從陳炎教授，2006 年獲得博士學位。目前供職於山東大學《文史哲》編輯部，以探尋中國古代思想史、學術史的奧秘爲學術追求。

提　要

　　先秦服飾審美文化的發展歷程，大致可分爲四階段：在商代及商代之前，服飾追求的是「神人以和」的審美理想；西周服飾制度致力於維護尊卑有別而又能「人人以和」的社會秩序；春秋時代，儒家將「文質彬彬」作爲服飾的審美理想；戰國時期，「天人合一」的哲學觀使服飾也向著「天人相和」的理想努力。這四個階段的特點，並不是非此即彼的，後一歷史時期在產生新的服飾審美文化特點的同時，也還保留著前一歷史階段的服飾審美文化特點。從遠古時代與夏商之際，服飾審美文化的發展，始終貫穿著一條線索，就是服飾如何參與處理人與自然、人與社會、人與人之間的關係，而這條線索，又集中體現爲服飾的「別」與「和」的社會功能。

　　中國古代「國」、「家」一體，「法」、「禮」合一的社會結構特點，對服飾

提出了「身份化」的要求，使服飾成爲道德的象徵、行爲的約束、表情達意的工具；中國古代以藝術與工藝相互滲透的「泛藝術」爲主要特徵的文化結構，對服飾提出了「藝術化」的要求，使中國古代服飾突出了平面化、流線美的審美特徵；中國古代重結構、重功能的「陰陽」思維模式，使服飾受「天人合一」哲學觀影響，通過類比與自然、人事之間建立起某種對應關係，「象法天地」成爲服飾形制、顏色選擇等的重要原則，並使「上衣下裳」成爲天尊地卑的宇宙秩序及君尊臣卑的象徵。

目　次

第二、三冊　二十世紀關於商周公社的研究

作者簡介

　　沈斌（1979～），男，浙江嘉善人。本科、碩士畢業於西安外國語大學日語系，先後獲文學學士、碩士學位，碩士階段的研究方向為日本近世史。後進入陝西師範大學歷史文化學院中國古代史博士課程學習，於 2011 年末獲歷史學博士學位。現就職於長安大學外語學院，主要從事史學理論、中日歷史對比等方面的研究。論文曾在《史學理論研究》、《中國社會科學報》等刊物上發表。

提　要

　　本書主要從理論與研究史兩個方面梳理和檢討了二十世紀中國學者關於商周公社問題的研究。上編集中探討了馬克思、恩格斯的公社理論及中國學者在應用上的失誤；下編則以學者爲「目」整理了近百年來中國學者關於商周公社問題的研究成果。全書研究並且指出：以「共有制」爲基礎的社會與以「私有制」爲基礎的社會是兩個不可等同的社會發展階段；春秋戰國時期正是以「私有制」爲基礎的社會取代以「共有制」爲基礎的社會的變革階段，殷商西周社會正處於這個重要變革的前夜，但總體上仍然是以「共有制」爲基礎的社會；整個二十世紀在研究商周公社問題及其社會形態上的最大誤區，就是在於以「私有制」即「階級」的原則去研究和探討了以「共有制」或者說以血緣關係爲基礎的社會。馬克思給查蘇利奇的《覆信草稿》是中國學者研究商周公社問題的最重要的理論依據之一。然而包括最新的中譯文在內，都沒有把馬克思在手稿中所刪去的重要字句及修改痕跡譯介出來，但這些地方卻正是研究和認識馬克思晚年歷史觀極爲重要的材料。有鑒於此，本書在「附錄」部分還根據馬克思的法文手稿對《覆信草稿》的最新中譯文進行了增訂，首次以中文的形式再現了這些被刪去的重要字句及修改痕跡。

目　次

上　冊

第四冊 傳統中國之政治大辯論──西漢鹽鐵之爭的政治經濟哲學思考

作者簡介

朱義明，男，1975 年出生於湖南省邵陽市，南開大學經濟史博士後、哲學博士。現任中信銀行總行資產託管部總經理助理，南開大學經濟史研究中

心研究員，曾就職於嘉實基金管理有限公司。有著豐富的金融從業背景與紮實的學術研究經歷，注重社會實踐與理論研究的互爲結合。在學術領域，主要從事於經濟史領域的研究，以及政治經濟哲學領域的研究，在各類學術刊物發表相關論文多篇。

提　要

　　西漢《鹽鐵論》中所描述的鹽鐵會議是發生於漢武帝之後──這一西漢特殊歷史時期──的重大事件，是中國歷史長河中罕見的政治大辯論。自古以來，西漢鹽鐵之爭就受到廣泛的關注與評議，近現代諸多大家或以專著、或於專著中列出專章對西漢《鹽鐵論》從不同角度加以評價，卻始終說法不一，通常局限於從鹽鐵之爭某個角度的認知來解讀其在歷史中的價值，或多或少都歸於片面，難免有所不足。

　　鑒於《鹽鐵論》研究中的諸多遺憾，本書以鹽鐵之爭中最爲核心的經濟問題作爲對《鹽鐵論》研究的出發點，將之置於中國的歷史演進與西漢社會現實發展的雙重背景之下，通過對西漢時期經濟數據的實證分析，得出西漢經濟總量有限及社會財富流動趨勢不可逆的結論，進而由西漢社會的經濟需求形成社會管理模式需求，從而推導出西漢社會的政治需求，並將政治經濟需求與西漢以來思想文化的演進有機地契合起來，最終基於經濟哲學、政治哲學與文化哲學的多維度、相互綜合的理論視角，系統地分析與探討鹽鐵之爭及其本質內涵。通過理論的構建得出鹽鐵之爭的本質是儒家「道德理想主義」與「政治現實主義」之間對立的結論，並進而在此理論基礎上就西漢黃老思想及儒家興衰問題、中國王朝更替問題、中國資本主義萌芽問題以及亞細亞生產方式問題進行了深入的研討。

目　次

第五、六冊　北朝社會風尙研究

作者簡介

陳志偉，男，吉林舒蘭人，1965 年生。1983 年自舒蘭縣第一中學高中畢業，考入東北師範大學圖書館學系；1987 年大學畢業分配到長春郵電學院圖書館工作，後轉入教學從事漢語言文學本科教學；2000 年合校至吉林大學文學院；2004 年 9 月考入吉林大學古籍研究所中國古代史專業博士，2009 年 6 月博士畢業獲歷史學博士學位。現爲吉林大學文學院副教授，碩士生導師。研究方向：中國古代文學，秦漢魏晉南北朝史。所作學術研究主要在語言學、文學、文獻學、歷史學等幾方面，共發表論文近 30 篇。

提　要

風尙是一定時期內，社會中某一範圍的社會成員中普遍流行的風氣和行爲。它包括人們在日常生活中物質與精神兩方面的追求。本書即立足於社會風尙，以對北朝時期社會生活中各時段所流行的風尙和突出的社會現象進行梳理、分析、總結作爲研究課題。全書共分九個部分。首先在緒論部分對「風尙」這一概念作一理論的闡釋與探討，以便於本課題的展開與研究；並對北朝社會生活研究狀況進行簡要回顧與綜述，以說明本書所據有的材料基礎。以下分爲八章，選取北朝社會生活中典型現象與特徵，從佛教、道教、奢華、門閥、尙武、飲酒、娛樂、性愛幾個角度，沈徵引，分類論列，描述每種風尙在社會中發展演進之軌蹟，探析其對社會、歷史所產生之作用與影響。論

述力求全面，徵引簡要明晰。試圖具體而微地再現北朝社會風貌。

目 次

上 冊

第七冊　中唐的社會與兩性文化研究

作者簡介

　　楊麗容，女，廣東省信宜市人，1980 年出生。暨南大學歷史學博士，華南師範大學歷史學博士後，研究方向爲隋唐史、思想史、婦女史。在《文藝評論》、《古籍整理研究學刊》、《廣西社會科學》、《貴州大學學報》等雜誌發表學術論文十幾篇，部分論文獲《人大複印報刊資料》全文轉載。

提　要

　　中唐時期不但在中國古代社會發展史上具有特殊意義，在整個古代性文化史上也別具特色。中唐的兩性文化是在魏晉南北朝貴族規範被打破，而宋代社會新的規範建立前的一個壓力斷層期，兩性文化也呈現出與其它時期不同的特點。

　　本書分爲上、中、下三篇。上篇爲中唐士大夫性理想中的兩性標準，將士大夫的性愛觀作爲研究鵠的。探討中唐士大夫群體的女性觀和男性觀以及相關認識。中篇是中唐士大夫的性實踐。首先研究唐代男風的流行狀態及主要特色；其次探討中唐士大夫房中術修煉目的的變化，因爲房中術進入唐代以後，求子的色彩似乎減弱，由男人擔負的求子之責似乎向婦女一方進行轉移，同時中唐士大夫修煉房中術更加趨向享樂。再次，分析中唐士大夫在兩性文化中的兩個新變化：一是中唐士大夫相當大部分有分裂的兩性生活；二

是社會轉型期的中唐士大夫對待婚姻、戀愛的心態十分複雜：一方面士大夫重視女性自身的價值——美貌和才情，另一方面婚戀對象的選擇卻仍看重門第，所以拋貧女棄舊愛而另娶高門成為士大夫群體默認的價值觀。下篇是傳奇故事對於中唐社會與兩性文化的隱喻。女仙故事隱喻了兩性文化的某些內涵：反映唐代婦女自我意識覺醒、地位提高以及士大夫的審美趣味；女冠仙化的過程反映出道教中男女兩性關係的寬鬆與混亂；女仙與落魄文士遇合的意義以及才子佳人故事的內涵。女俠形象則是中唐士大夫建立的一個理想中的女性範式，謳歌讚美了女性的個性、獨立、俠義。但是同時也反映出中唐士大夫在兩性關係中的矛盾心理：一方面欣賞任情任性、無拘無束的個性女子，但另一方面又仍舊希望社會規範、社會價值等理性觀念對女性有所束縛，彌漫著男權的色彩。結語部分則對中唐兩性文化的特點進行梳理、總結。附錄是白行簡性觀念與儒家、道家關係的個案研究。

目　次

第八冊　中國古代君臣觀研究

作者簡介

　　楊晉娟，女，1984 年生，山東臨沂人，哲學博士，畢業於南開大學哲學院，現執教於臨沂大學法學院，從事中國政治哲學、法律文化方面的研究。

提　要

　　君臣關係是傳統政治文化中的重要組成部分，在中國長達兩千多年的封建史的長河中，鮮有比較融洽的君臣關係，而貞觀君臣卻是被後世推崇的君臣典範。本書以貞觀君臣爲例來探討古代君臣關係，既揭示出傳統君臣觀的內容，又進一步挖掘了中國傳統政治文化的特徵。

　　本書將君臣觀設置在天——君——臣——民的四維模式中，來探討君臣的治國思想、政治理想、政治倫理。天命、天道構成了傳統君臣觀的形上基礎，其中天作爲神聖的仲裁者解決了君權的合法性和政治權威的來源問題；君臣傚仿天道建立政治秩序，天道也爲君臣的政治理想奠定了理論基礎。君主要踐行天道成就一番功業、德業才能獲得聖王的稱號，而士大夫們也以弘揚天道作爲自己的政治理想，完成安民止亂的政治使命。良好的君臣關係離不開君臣雙方的共同努力，君主要踐行君道、完善君德來保障良好政治氛圍的實現，而爲官者則要提高官德，以大忠行大義，完善仁、智、勇三達德。君臣關係中最容易被忽略的是民的存在，傳統政治文化中民心、民意是政治統治的風向標，是天視、天聽的理論代言人，而在現實的制度設計中卻並沒有賦予民以任何政治權利，民失去了天所賦予的神聖性，恰恰因爲民的被動消失，使得天通過民所應起到的監督作用消失，君臣在互相猜忌、防範的過程中很容易走入困境。

　　反思傳統君臣觀，我們發現要實現君臣觀的現代轉換，必須以公民身份、公民心態取代臣民身份、臣民心態，在實現臣民文化向公民文化轉變的過程中以民主取代專制、以平等取代等級觀念，保障個體平等、自由而有尊嚴的生存。

目　次

第九冊　唐代城市居民的宗教生活——以佛教爲中心

作者簡介

陳豔玲，女，山東省煙臺人。2008 年畢業於上海華東師範大學歷史系，獲博士學位。2013 年起在山東大學歷史文化學院做博士後，主要從事魏晉南北朝隋唐史、佛教史等方面的研究。

提　要

全書通過對唐朝宗教管理機構及其政策調控的分析，究明瞭唐代城市民眾宗教生活的政治法律保障及其限度。繼而對唐代城市居民的宗教生活，從大型的公共宗教活動、不同階層群體、個體生命歷程、不同地區特色等角度，分專題進行了探討。研究城市的大型公共宗教活動，對象是城市全體居民的公共宗教生活，主要從共性上把握城市各階層居民懷著共同宗教信仰的共同參與和共同體驗；討論不同城市居民不同社會群體的宗教生活，則是從個性上把握城市各個階層的宗教信仰及其宗教生活的不同特徵。討論個體生命歷程中的宗教滲透，是從縱的方面探討人生不同階段所受宗教的不同影響；個案研究特定地區和城市的民眾宗教生活，則是從橫的方面把握唐代民眾宗教生活的地方特色，進而把握其共同特徵。由此展現出唐代城市居民宗教生活的多樣性、開放性、兼容性、時代性和地域性等特徵。

全書圍繞設定的主題，通過多角度、多棱鏡透視，縱橫交叉，點面相映，個體與群體、分階層觀察與對市民整體鳥瞰、個案剖析與共性抽象相結合等方法，希望最終能夠客觀、眞實、立體地展現唐代城市居民宗教生活的全貌。

目　次

第十冊　宋對遼的邊防政策與設施

作者簡介

　　段承恩，現為高中歷史教師，2013 年取得文化大學歷史學博士學位。曾發表論著有〈遼對宋騎兵軍事戰術之運用——以高粱河、歧溝關兩次戰役為例探討〉、〈由講四句看客家文化傳承——以婚、喪、喜慶為例探討〉等論文

十餘篇，目前於課暇之餘以研究宋遼金元史軍事方面，及客家社會文化爲範圍。

提 要

　　北宋所承接五代的軍事地理是天然地形防禦的喪失，故在戰略地理上，對遼是呈現相對弱勢，所能憑藉只有險阻關隘，因此在天險不足恃之下，防禦上只能依託人爲工事，北宋也因此在對遼防禦相對應上，做出第一線塘泊、林木防禦，第二線將城池以帶狀分布的固守防禦，第三線以黃河天險以拱衛京師。此三線防禦之設立，如本論文各章節所描述，確實是減少北方禦遼兵力的佈署，宋人在詳細評估宋遼雙方之武力後所採行的措施，首先在塘泊防禦上已做到扼守衝要之地，逼使遼騎不得不轉爲宋人所預設之地加以突衝；又爲防範遼趁宋廷無備之地的攻擊，廣植榆柳以爲備，使遼騎兵無用武之地。

　　本論文內容可分爲以下三個部份。

　　第一部份：

　　內容包括第一、二章，第一章爲緒論說明研究此篇論文動機與研究方法，藉由古籍文獻與前人研究，分析闡述論文架構的可行性。

　　第二章：「五代時期對遼邊防地理與政策」，先概述遼代起源及部落時期的分合態勢，就遼在五代時期契丹的發展，一直至耶律德光南下牧馬作一闡述，其後將唐末至宋地理變革作一說明，介紹五代至宋立國緣由及地分區分，最後分析宋遼之邊界及邊區的防衛體系。

　　第二部分：

　　內容包括第三章：「宋對遼的城池防禦政策與設施」、第四章：「宋對遼的塘泊水利設施」、第五章：「宋禦遼的林木政策與設施」。主要是分析北宋立國後對外國防政策，及國防建設的演變，與宋對遼邊防關係，藉由國防政策的轉變來看邊防設施的發展，並由宋代各時期的邊防建設，及宋邊區軍事結構與部署、武力裝備、軍事支援等系統，看前面各章所提諸問題，進行有系統分析整理，將塘泊、榆林、方田、堡寨、城池作一相關連繫，並藉此將前人研究所不足的部份將以增補，使「宋對遼邊防政策與設施」研究得以完善，亦是本論文主旨所在。

　　第三部份：

　　內容以第六章：「結論」爲與前面各章節相互呼應的，並爲前章節提出綜合總論，以驗證北宋對遼防禦設施的成效，且對北宋防禦政策是否合宜，是

否如前人所言,「無任何可取之處」,提出不同看法,並綜合前述章節研究,做最終結論。

目 次

第十一冊　南宋縣級行政研究（1127～1279）

作者簡介

吳業國，1980 年生，安徽金寨人，博士後。2002 年以來，主要從事宋代歷史方面的學習與研究。受益於制度經濟史學、史源學等課堂和沙龍的薰陶，在宋史史料考據、宋代職官制度、宋代州縣行政等領域有一定的研究，在國內外刊物上發表相關論文 20 餘篇。現任職華南理工大學行政管理學系，副教授，碩士生導師，從事中國傳統官制和行政思想的教學與研究。

論著承中國博士後科學基金第四十三批項目、中央高校科研基金項目、廣東省教育廳人文育苗基金項目支持，特此致謝！

提　要

秦漢以來，縣是地方行政的重要組成部分。南宋（建炎元年至祥興二年，1127～1279）處於唐宋轉折期的定型階段。在縣級地方行政體制和行政職能方面，具有唐宋以來諸多共性特徵，也具有其歷史的個性。

在共性方面，縣級行政區劃實行基於地位輕重、戶口多寡的分等制，在職官設置上存在「一令三佐」體制，縣級職官往往由知縣（或縣令）、縣丞、主簿和縣尉構成。在個性特徵方面，南宋高宗時期，在秦檜專權的負面影響下，縣級職官體制中一度存在嚴重的「縣闕無人願就」的情形，這只是歷史的特例。南宋州縣監察行政方面，縣級行政受到來自州級長官各方面的監督，有人事和職事等兩個方面。縣級公吏群體龐大，左右地方各項事務，在縣級行政之中形成了「吏強官弱」的特徵。在南宋鄉村基層組織中，職役制確立，失去了其中唐以前鄉官的地位。

南宋縣級官府職責龐雜，各項職能交錯。我們可以將縣級地方行政職能分為兩大類，即經濟職責和公共管理職責。稅賦的徵收與管理是縣級經濟職責的核心。在稅賦徵收體制中存在著官方和民間兩種職事體制，保障了縣級歲入。為了保障以兩稅為主要內容的中央歲入的安全，在縣級稅賦的徵收、保管與綱運等過程之中，一是加強各項制度的建設，二是傾力於對「人」的防範，其重點是防止官吏的犯贓。南宋統治者不斷總結經驗，建立起一套嚴密的預防制度，體現在完備的稅賦保管、解運預防措施。在防止官吏犯贓的同時，也保障了稅賦的安全。同時，在南宋時期，高宗等統治者總結歷史經驗，重視對城鄉民戶產權的尊重和維護。隨著生產的發展，佃戶的地位也日漸提高，有了遷移和劃佃的自由。這是南宋時期農業經濟發展的重要制度因素和人力保障。

南宋縣級公共事務範圍廣泛，主要體現在治安、恤政、教化等三個方面。維護地方治安是縣級考課的重要內容，這得益於縣尉和巡檢的通力合作。恤政在南宋時期受到了縣級官府的重視，在縣府或重要的市鎮常常設有專門的賑濟倉庫，而恤政的內容涉及民戶的生、養、病、葬等各個環節。教化是縣級官員施政的應有內容，南宋時期縣學興盛，縣學成了行鄉禮、施教化的集中之地，以達到教民眾、美風俗的目的。

通過對南宋縣級行政體制和職責的探討，我們發現，就整個南宋縣治狀況來說，應以寧宗嘉定元年（1208）為分界點，天下寖有不可為之縣，作縣如赴湯鑊之歎。在縣級職官的設置原則上，縣官設置不一定具備，奉行「邑小事稀，官不必備」的原則，兼領制度在縣級佐官中十分的普遍。南宋縣級官府通過完備的稅賦的徵收與管理體制，在滿足一縣之需的同時，也保障了中央各項徵調需索，呈現出經濟職能型的特徵。南宋建立以後，國家機構未

端縣的重要性漸增，縣機能漸趨活潑化。中國古代地方行政的主軸漸由州轉移到縣，路與州等中級行政機關則轉向無意義化。「強縣弱州」，似乎成了整個南宋地方行政中一種慣常的現象。

目　次

第十二冊 元明之際士人出處之研究——以宋濂爲例

作者簡介

唐惠美，台灣台北人，台灣大學歷史系畢業，清華大學歷史研究所碩士，清華大學歷史研究所博士班肄業，專長士人思想與士人研究。

提　要

元末士人的出處問題是近年元史研究的主題之一，尤以元代多元種族的組成，探討不同族群的士人面對朝代交替與統治種族的改變，所展現的仕隱意識與忠誠觀，則是有異於其他朝代的士人，具有更多層面與更須深入的研究內涵。

本文以元末士人的出處爲題，探討對象是以江南士人即元代的南人爲主。而以南人處於族群歧視的統治政策下，所面臨諸多不利於仕的處境，探視士人的仕隱態度是否有所因應與改變，且於元末政局動盪，士人如何安排個人出處，對於新政權的崛起與取代，又是抱持何種態度？在主題選擇上，本文則以輔明功臣宋濂爲研究對象。

宋濂爲明代開國文臣，但生處元代有五十年之久，曾於元末經歷二次仕隱抉擇。第一次是固辭仕元，入山而隱；第二次則加入朱明建國之列，步入仕途。宋濂的元末遭逢可爲諸多元末江南士人的處境寫照，從其應試不第到授徒爲業，最後固辭而隱，皆能代表元末士人的處世類型。此外，探視宋濂仕明的動機與過程，是有助於考察江南士人加入朱明政權的考量，對於這群士人看待元明易代的態度，將能提出更爲深入且符合歷史實情的解釋。而於最後考察宋濂入明之後的遭遇，對於明初士人不樂於仕的歷史印象，提出更爲具體的觀察與解釋。

本文研究的兩條主脈絡：一是採以時間縱軸，鋪述宋濂由元入明的過程，整個政治環境的變遷，作爲考察宋濂決定仕隱行爲的依據。二是陳述宋濂的仕隱思想與行爲從成型到實踐的過程，探討宋濂於個別階段的思想與行爲展現。章節安排上，第一章緒論：是對元末士人出處的主題進行深入探討與研究回顧，並指出以宋濂爲個案研究的代表性。第二章與第三章：分別考察宋濂生處元代的行事與思想培育的過程。第四章則是具體呈現宋濂如何在政治環境變遷下秉持個人治學與踐學的理念，因應變局以尋求實踐士人使命與建立個人價值的方式。第五章與第六章：分別探討宋濂在明朝建國與立國過程所扮演的角色與貢獻。

本文目的是以宋濂爲研究對象，考察元明易代士人的思想型態與面對政權態度的變化，對於以夷入華的易代型態下士人考量出處的抉擇，尋求在種族因素之外，更爲士人所重視的決定條件。這將有利於澄清並進一步解釋，明初士人爲何出現崇元抑明的現象與歷史成因。

目 次

第十三冊　盛宣懷近代化思想與官督商辦模式研究

作者簡介

　　徐晨，男，1974 年生人。2010 年獲南開大學哲學博士學位。祖籍江都，西安生長，天津讀博，蝸居北京。現為對外經濟貿易大學公共管理學院公共經濟系教師。2011 年至 2012 年，以訪問學者的身份分別在奧地利維也納大學與瑞士高級公共管理學院訪學。

提　要

　　洋務運動是在危機與困境中中國人首次在思想、制度和器物層面上全面「回應」的一場改革。長期以來，國人對「用機器興實業」的典型即盛宣懷及其所實踐的官督商辦模式存在觀點上的分歧。雖然他具有完整且初步的國家近代化思想，並先後首創多個新式工商企業，主張通過經濟改革實現國家富強，但同時也由於堅定地主張國家在近代化過程中的主導地位和作用而被質疑。

　　通過現代化視角的審視，本書認為，洋務運動的經驗和教訓都說明了在後發型現代化國家的現代轉變中，國家居於核心的不可替代的積極作用，因此不可對傳統政治及其中體西用思想作單純的否定；另一方面，經濟基礎是現代化這一歷史進程的最終動力源泉，在充滿自發性活力的經濟社會和國家層面的調適上，中國近代化思想由於多種原因存在著難以克服的思維局限和社會基礎，官商之間或者說政企之間難以建立良性互動的現代化推動機制，甚至有走入誤區的危險。本書從生產方式變遷和國家社會關係構建的角度對洋務運動進行新的評價，重點分析了官督商辦在中國近代社會轉型中所引發

的思想表現、深刻影響以及現代化轉型過程中政府權力的功能和職責，以此來揭示政府與市場、企業的關係在中國思想語境下的現實意義，呈現出中國近代化思想變遷發展的一個側面真實的面貌。

目　次

第十四冊　山西北朝墓葬民族文化交融研究

作者簡介

龍如鳳，臺灣屏東人，中興大學歷史學系博士生，逢甲大學歷史與文物研究所碩士。主要研究方向為北朝時期鮮卑與漢文化融合及其影響。

提　要

北朝時期山西地區地理位置有其特殊性，自東北方興起的鮮卑民族以此為進入中原的中繼站，另一波來自西北方沿絲路而進入的中亞商旅，以及來自南方因避難北上的中原士族，這些不同的種族文化匯聚在山西地區，交融搏合成一股創新的文化。

藉由整理山西地區北朝墓葬的考古發掘報告，輔以史書記載作印證，梳理出民族文化融合的脈絡。墓葬出土物的民族文化面貌，呈現三個漸進演變時期：北魏平城時期、北魏洛陽時期及東魏——北齊時期。而墓葬出土所在的地理位置與數量的分佈，與當時政治中心的息息相關。

　　通過墓葬年代分期，以陶俑、壁畫、實用器與明器及墓誌等種類，比較了晉北地區及晉中南地區，鮮卑族與漢族的墓葬隨葬組成。出土物的數量及內容的變化，是探討物質面貌演變的重要依據。其次對於物質面貌的區域特徵形成，從史籍記載中印證，並對北方民族的滲入與交融，乃形成民族自我認同的共識之下的共同生命體，亦是後續的隋唐盛世的基礎。胡化與漢化及至文化融合的歷程中，是民族對其認同自身的選擇，同時能求同存異以謀取最佳利益的結果。

目　次

第十五冊　宋元明清雷州歷史文化研究

作者簡介

　　曾國富（1962～），漢族，廣東信宜人。1984 年畢業於中山大學歷史系，歷史學學士。1986 年 9 月～1988 年 2 月，在江西大學（今南昌大學）歷史系中國古代史助教班進修一年半。1996 年 12 月被評聘爲歷史學副教授。在湛江師範學院從事《中國古代史》、《史學概論》、《中國教育史》、《廣東地方史》等課程的教學和中國古代史（五代十國段）、廣東地方史的研究。在《中國史研究》、《中國史研究動態》、《民族研究》、《孔子研究》、《宗教學研究》、《黑龍江民族叢刊》、《學術研究》、《廣東社會科學》、《廣西社會科學》等學術刊物上發表史學論文 80 餘篇，其中五代史論文 50 餘篇、地方史 30 餘篇。參編《新國學三十講》（鳳凰出版社）、《中外歷史與文化概論》（中央民族大學出版社）、《廣東地方史·古代部分》（廣東高等教育出版社）等著作、教材 4 部；

出版專著 3 部：《五代史研究（上）》、《五代史研究（中）》、《五代史研究（下）》，
臺灣花木蘭文化出版社 2013 年 9 月出版。

提　要

　　雷州半島古稱「雷州」、「雷陽」，地處中國大陸最南端，遠離政治中心，
經濟、文化、教育發展落後，故長期默默無聞。自宋代始，隨著北方人口的
大量南遷，雷州人口猛增，雷州歷史文化才揭開了新的一頁。宋代，朝廷在
雷州築城駐軍，加強了對雷州的軍事防禦，同時重視選拔委派清廉賢能之官
治理雷州，在經濟上推行耕者有其田的政策，重視水利設施的興建，使雷州
的政治、經濟、教育文化都得到了較大的發展。雷州雖地處邊陲，山高皇帝
遠，但元代統治者並未因此而輕視雷州；相反，在軍事設置、政治治理方面
都給予了重視，使雷州地區水利得到興修，經濟發展，交通開闢，學校教育
也得到持續發展。明清兩代，雷州地區長期處於動亂之中，有邊疆地區少數
民族的反叛，有海盜、倭寇的作亂，有改朝換代的激烈爭奪，還有官逼民反
的鬥爭。然而，雷州人民雖然歷經磨難，仍然不屈不撓，不離不棄，堅守本
土，竭力奉獻。雷州在明清兩代教育事業蓬勃發展，成效顯著，有「海濱鄒
魯」之美譽，人才輩出。雷州籍官員政績顯著，官風清廉，其中尤以清代封
疆大吏陳為典型代表，被譽為「天下第一清官」。

　　本書 15 篇論文，是作者最近耗費幾年時光，從未經整理，無標點無分段
的地方志影印本中，爬梳史料，自行標點，對地方志中記載較詳、史料較豐
富的雷州地區自宋元至明清時段的若干歷史文化問題展開了深入、細緻的探
討研究。所有論文都是開拓性研究，是言人之所未言，見人之所未見；因而，
錯誤、偏頗也可能在所難免。

目　次

第十六、十七冊　中古世家大族范陽盧氏研究

作者簡介

　　韓濤，1983 年生，河南項城人。陝西師範大學歷史文化學院在讀博士，中國孔子研究院助理研究員，主要研究領域爲隋唐史、思想史、經濟史。曾任《孔子文化》雜誌執行主編、百花洲文藝出版社編輯。曾在世界儒學大會秘書處工作，於 2009～2012 年期間先後籌備了四屆世界儒學大會。參撰《孔子思想與中華民族精神》、《孔子這樣說》、《中國儒學圖式》、《古八德研究與故事新解》、中華孝文化研究集成叢書《歷代孝德論輯釋》等多部著作，發表學術論文十餘篇。

提　要

　　本書是對中古時期世家大族范陽盧氏所作的個案研究，時間跨度在東漢末至唐大約七百年間。范陽盧氏出自姜姓，齊國後裔，因封地盧邑而受姓盧氏，秦朝博士盧敖其子孫遷居至涿水一帶之後，定居涿地，以范陽爲郡望，後世遂稱范陽人。始祖盧植以儒學顯達於東漢，肇其基業，盧毓位至曹魏司空，其後盧欽、盧珽、盧志、盧諶累居高官，永嘉之亂後范陽盧氏主體滯留北方，艱辛守望范陽故里，十六國時期先後與佔據幽州地區的石趙、前燕、後燕政權合作來維持家族的延續。范陽盧氏成員中只有盧諶後人南渡江左，但在東晉南朝以反叛者的角色出現。至北魏太武帝時盧玄「首應旌命」，被徵召入朝，地位凸顯，范陽盧氏與清河崔氏成爲北方一流高門士族。北魏分裂後，戰亂頻仍，政局動

蕩，范陽盧氏受到打擊，官位不顯，大部分成員入仕東魏北齊，也有進入西魏北周政權者。唐初，李唐政權打擊山東士族，范陽盧氏暫時沉寂，直至高宗武則天時期復又崛起，先後有八位范陽盧氏成員官至宰相。在婚姻上，范陽盧氏注重門第婚姻，婚姻圈子大致穩定在清河崔氏、榮陽鄭氏、趙郡李氏、隴西李氏、太原王氏幾個大族，其中又以與清河崔氏、隴西李氏兩家通婚最為頻繁；北魏和北齊時期與皇室通婚頻繁，而隋唐時期未發現與皇室通婚現象。在宗教信仰上，崇佛誦經，修道超逸。在家族文化方面，范陽盧氏以儒學傳家，尤重三禮之學，湧現出以盧植為首的一批碩學鴻儒，在書法、繪畫、史學方面也有卓越的成就；唐代范陽盧氏家學由經學轉向文學，詩歌大盛，盧氏詩人蜚聲文壇。在禮法門風上，貫徹儒家倫理，以孝悌忠義治家。

目　次

第十八冊　崔述史學研究

作者簡介

　　劉文英，女，1981 年 6 月出生於河北省臨漳縣，2005 年 6 月獲河北師範大學歷史文化學院學士學位，2008 年 6 月獲河北師範大學歷史文化學院碩士學位，2011 年 12 月獲南開大學歷史學院歷史學博士學位。現爲天津工業大學

馬克思主義學院講師，主要從事史學理論及史學史、馬克思主義歷史觀研究，曾作爲第二順序主持人參纂國家重點課題——國家清史編纂委員會項目《清史·布政使表》，先後在《史學史研究》、《清史研究》、《歷史檔案》、《歷史教學》等核心期刊上發表高質量學術論文 10 餘篇。

提　要

　　本書對清代乾嘉時期疑古考據學家崔述的史學成就予以全面系統地研討和評論，從中國史學史的角度考察崔述之史學的時代背景與學術特色，崔述成學的文化環境，崔述先秦史著述的成果及特點，崔述先秦史考釋的成就及局限性，崔述史學的思辯方法，以及崔述史學成就的影響及意義，在前人研究成果的基礎上推進一步，提出許多創新性的學術見解。例如本書指出：崔述雖然與乾嘉學派一樣專於考據，但因爲立足於疑古，頗受主流學派冷落，所處宏觀文化環境十分不利。但他有一個家庭和弟子構成的有利的微觀文化環境，故能成就學術、著作未泯。崔述在疑古考證中，運用了縝密的邏輯思辯方法，其中包括異同考析、事理推論、辯證論辯、歸納演繹等等，也使用了歷史分析方法即根究源流法，給近代日本和近代中國的疑古學派很大的啓發。所有這些論述，均發前人所未發。本書認爲：崔述著述在日本的傳播，對日本疑古思潮的產生和發展起到了推動作用，促進了日本史學近代化的轉型。崔述史學在中國，對 20 世紀前期的「古史辨派」學者有所啓發、有所裨益，爲一場史學近代化的革命性運動增加了活力。

目　次

第十九冊　中國古代名畫考古研究

作者簡介

　　黃震雲，男，1957 年生，文學博士，詩人、書法家。現任中國政法大學中文系教授，學科帶頭人。兼任中國屈原學會副會長、中國遼金元文學學會副會長。主要研究中國古代文學及其與法律、藝術等交叉學科。出版學術著作 12 部，發表論文 400 多篇，多次獲得省部級獎勵，多次出國講學交流，在學界有較高的知名度。

提　要

　　這是一部以我國出土的歷代名畫爲主要研究對象，考古學爲依託，文獻學、藝術學以及美學、法學、宗教學等學科知識、理論、方法綜合運用，進路體現價值指引，從哲學高度進行全面深刻闡發的學術著作。時間跨度達五千多年，範圍遍及全國各地，有的還涉及到東亞和南亞地區。內容形式豐富，有仰韶文化和馬家窯文化的彩陶畫，也有馬王堆帛畫、漢代石刻、敦煌壁畫、鳳凰山漆畫、西藏的唐卡等，有的還是已經被歷史遺忘的民族如契丹、女真、黨項的傑作。不少至今無解，有的是學界長期爭執不下的

懸疑或熱點。著力探索和創新是本書的顯著特質，如對上古的象刑製度的
發現、古人的宇宙情懷及其心理、佛教伎樂來源中國傳統的音樂思維、道
家的升霞方式設計等，都極具學術價值。研究、寫作技巧圓熟，方法得當，
表達瀟灑淋漓是本書的顯著特色。博學敏思，邏輯嚴密，以理服人，論證
見解獨到、深刻，力破難題，走出了我國繪畫研究的新思路，是本書的突
出貢獻。實踐價值指引使本書不僅將中國古代名畫研究體現在學術本身，
同時還具有廣泛的社會意義，讓我們在知識美感獲得以外，能夠正確認識、
深入理解祖國的豐富的文化和藝術，有助於又好有快建設發展當代文化和
規範旅遊文化產業。

目　次

第二十冊　摩利支天、斗母信仰流變與廟宇分佈研究

作者簡介

　　呂芳員，性別：女，學歷：博士一九六八年出生於中國臺灣澎湖縣。自幼受家庭道、佛教的影響對民間信仰充滿好奇心。九十年代在美國奧克拉荷馬大學碩士學位學習期間對當地的宗教信仰積極參與。二〇〇一年遷居中國

大陸後基於對中國悠久歷史和地大物博的深厚情懷。二〇〇九年三月考入暨
南大學文學院歷史系就讀博士學位，師從中國歷史地理學大師史念海弟子王
元林教授，學術領域主要集中歷史宗教地理、民間信仰及宗教與鄉土社會。

提　要

　　佛教與道教的交流，是宗教史領域的一個重要主題。除了對二者在教理
教義、戒律儀軌等方面進行探討之外，佛教與道教在神靈譜繫上的溝通，也
是探討這一主題的關鍵途徑。本書內容分為八個章節，分別對佛教神摩利支
天、道教神斗母、二者的融合以及信仰分佈等內容展開論述，以動態的長時
段的角度去觀察摩利支天與斗母信仰內涵的變化，探究其之所以成為佛道融
合典範的原因所在。

　　緒論，闡述本研究的意義與目的，並對國內外學界的研究成果進行論述。
第二章首先論述佛教神摩利支天的信仰起源及其入華途徑，其最初的神職情
況和分佈特點。第三章內容為隋唐五代摩利支天信仰的發展，該期為密宗在
華傳播最為興盛的時期，亦為摩利支天信仰的第一個高潮。第四章繼續論述
宋代摩利支天信仰與道教斗母信仰變遷，闡述兩者關係，其起源及神職的論
述等。第五章討論元代複雜的佛道關係背景下，摩利支天與斗母融合的情況。
第六章明清時期，融合後的摩利支天大聖斗母元君信仰逐步取代了過去的摩
利支天及斗母，成為民間信仰中較為重要的一位神靈。第七章論述斗母與本
命、九皇信仰的聯繫，及其域外傳播情況。第八章為本書的結語。

　　本書的創新之處，在於對過去學術界較少論及的摩利支天及斗母信仰進
行全面的討論，並在前人基礎上提出一些新的認識。摩利支天從武神轉變為
菩薩，再到與道教斗母神融合而為太歲信仰的主神。這一過程雖然是該神靈
自我特質喪失的過程，卻也同時是其迎合信眾需求，逐步走向民間，贏取廣
泛崇拜的過程。而斗母源自北斗崇拜，逐漸由自然神向人物神發展。借助護
國持法的傳說故事，斗母自下而上獲得了統治階級的認可，贏得了發展的空
間。摩利支天與斗母融合的諸多因素，除了北斗、豬神等線索外，還應當歸
因於「斗」字的多重讀音。「斗母」事實上也兼有戰爭職能，只不過在中國信
徒的眼中，她更多地起到保祐平安的作用，而非促進武事與戰亂的發生。依
據歷史地理文獻論述摩利支天與斗母各個朝代信仰地域分佈的概貌。從歷史
地理學的角度探討兩大神靈的地域特徵。

目　次

作者簡介

李梅，女，山東煙臺人，1974 年出生，1997 年入山東大學古籍所古典文獻學專業，師從鄭傑文教授，2000 年獲得碩士學位；2003 年考入山東大學文學與新聞傳播學院文藝美學專業，師從陳炎教授，2006 年獲得博士學位。目前供職於山東大學《文史哲》編輯部，以探尋中國古代思想史、學術史的奧秘爲學術追求。

提　　要

先秦服飾審美文化的發展歷程，大致可分爲四階段：在商代及商代之前，服飾追求的是「神人以和」的審美理想；西周服飾制度致力於維護尊卑有別而又能「人人以和」的社會秩序；春秋時代，儒家將「文質彬彬」作爲服飾的審美理想；戰國時期，「天人合一」的哲學觀使服飾也向著「天人相和」的理想努力。這四個階段的特點，並不是非此即彼的，後一歷史時期在產生新的服飾審美文化特點的同時，也還保留著前一歷史階段的服飾審美文化特點。從遠古時代與夏商之際，服飾審美文化的發展，始終貫穿著一條線索，就是服飾如何參與處理人與自然、人與社會、人與人之間的關係，而這條線索，又集中體現爲服飾的「別」與「和」的社會功能。

中國古代「國」、「家」一體，「法」、「禮」合一的社會結構特點，對服飾提出了「身份化」的要求，使服飾成爲道德的象徵、行爲的約束、表情達意的工具；中國古代以藝術與工藝相互滲透的「泛藝術」爲主要特徵的文化結構，對服飾提出了「藝術化」的要求，使中國古代服飾突出了平面化、流線美的審美特徵；中國古代重結構、重功能的「陰陽」思維模式，使服飾受「天人合一」哲學觀影響，通過類比與自然、人事之間建立起某種對應關係，「象法天地」成爲服飾形制、顏色選擇等的重要原則，並使「上衣下裳」成爲天尊地卑的宇宙秩序及君尊臣卑的象徵。

目次

緒　論

　　服飾，既是人類文明的產物，又是人類文化的重要載體。作爲文明的產物，不同時代、不同地域、不同民族的服飾，都既需要滿足人類調節體溫、保護身體的基本生理需求，又需要滿足人類彰顯社會地位，調節社會關係、尋求情感慰藉的次生社會需求；作爲文化的載體，不同時代、不同地域、不同民族的服飾，在不同程度地滿足上述人類生理及社會需求的同時，又表現出千差萬別的時代特徵、地域風格以及民族樣式。〔註1〕而不同時代、不同地域、不同民族的服飾，之所以表現出不同的文化特徵，乃是因爲，一方面，作爲一種物質存在，服飾的質料、樣式、顏色等物理屬性要受一定時期技術生產發展水平的制約，要適應一定地區的自然環境條件；另一方面，作爲一種精神體現，服飾的質料、樣式、顏色等物理屬性又不能不受到一定社會的哲學觀念、政治思想、社會意識、文化結構等的影響。

　　對於作爲一種物態的服飾，我們可以從文獻記載、考古資料、古代繪畫中瞭解和復原古代服飾的樣式、顏色、材質以及穿著方式。然而，當我們在經濟全球化的背景下思考文化多元化的發展要求時，當我們在傳統文化的現代化轉換的要求下，考慮民族性與世界性的關係的時候，當我們在進行包括服飾在內的具體的工藝設計時，考慮如何將時代精神融入民族化設計當中，以及如何將傳統文化與時代精神結合起來的時候，再將視線投射到中國古代服飾上，我們發現，重要的問題，不僅僅在於追問，在特定的自然和歷史條件下，我們的祖先究竟選擇了什麼服飾，究竟以什麼服飾爲美？更在於追問，

〔註 1〕關於文明與文化的概念及相互關係，參見《陳炎自選集》，廣西師範大學出版社 2002 年版，第 4〜13 頁。

在服飾的諸多可能性當中，我們的祖先，何以偏偏做出了這一種、而不是那一種選擇，何以偏偏以為這一種、而不是那一種顏色、款式的服飾為理想的美的服飾。

蒙昧時期人類最初的衣服，據人類學家推論，應該是由樹葉或者獸皮在身上圍披而成。隨著文明的進步，逐漸出現了由紡織品縫製而成的衣服。在西方，克里特時期的男性服裝主要為纏腰布，女性服裝則是窄短的上衣和長裙，基本可以視作上下分身，然而，到了古希臘、羅馬時代，流行的卻是以披掛、纏裹式為特徵的「不縫紉」的、上下一體的籠統化整體長袍，古希臘時將這種長袍稱作基同（chiton），羅馬時代則將這種長袍稱作托嘎（toga）；〔註2〕在中國，新石器時代出現紡織物之後，考古遺物的刻畫中，最早出現的是「貫頭衣」。根據沈從文的研究，新時器時代普遍流行的、較為規範化的服裝，是一種自肩及膝、上下沿平齊的細腰狀 X 形長衣，沈從文將這種 X 形長衣稱作「貫頭衣」。當時「貫頭」，應是指這種衣服的穿著方式。在具體形制上，「貫頭衣」無領無袖，僅用兩幅較窄的布對折拼縫而成，上部中間留口以出頭部，兩側留口以出胳臂。「貫頭衣」通常著後束腰，因此穿著之後呈 X 形。〔註3〕這種上下一體的「貫頭衣」，既節省布料，又便於勞作，完全符合服裝「適體」、「便身」的要求，可是其後，中國古代的「聖人」卻選擇了上下兩分式的「上衣下裳」制。《周易·繫辭下》中說：「黃帝、堯、舜垂衣裳而天下治，蓋取諸乾坤。」孔穎達《正義》解釋說：「垂衣裳者，以前衣皮，其制短小，今衣絲麻布帛所作衣裳，其制長大，故云垂衣裳也。取諸乾坤者，衣裳辨貴賤，乾坤則上下殊體，故云取諸乾坤也。」〔註4〕上衣下裳因為象徵著「天尊地卑」的等級秩序而具有了神聖的意義，成為中國古代服飾的重要規則。〔註5〕

〔註2〕 參見江平、石春鴻等編《服裝簡史》，中國紡織出版社 2002 年版，第 3 頁、第 59～67 頁；〔日〕千村典生《圖解服裝史》，孫基亮、陸鳳秋譯，中國紡織出版社 2002 年版，第 12～14 頁。

〔註3〕 沈從文編著《中國古代服飾研究》，上海書店出版社 2002 年版，第 23 頁。

〔註4〕 〔唐〕孔穎達《周易正義》，〔清〕阮元校刻《十三經注疏》本，中華書局 1980 年據世界書局縮印本影印，第 87 頁。

〔註5〕 「上衣下裳」的原則，在中國古代男性禮服中得到最嚴格的遵守。如萌生於周代、成熟於戰國的深衣，本是一種披在身上的長衣，完全可以採用簡單的上下通裁的方法，但是為了不違背「上衣下裳」的原則，在剪裁時要將上衣和下裳分開裁，然後再合縫在一起。唐代的官服，是在深衣基礎上發展而成的一種袍衫，這種袍衫與深衣最大的不同之處，在於它不再像深衣那樣上下分裁然後縫合，而是採用上下通裁的方式，為了保存上衣下裳的古制，因此

　　儘管有著相似的原始起點，西方古代的服裝與中國古代的服裝，卻在其後的發展中，作出了各自不同的選擇。由上述簡述中，可以看到西方羅馬時期之前的服裝形制，經歷了一個由上下兩分式到上下一體的發展過程，而中國遠古時代的服裝形制，則經歷了一個由上下一體到上下分體的轉變過程。這樣不同的轉變路徑，難道僅僅是出於偶然嗎？在進一步的比較中，我們發現，在西方古代的宗教背景下，受理性與感性徹底分裂並各自充分發展的「民族心理結構」的影響，〔註6〕服飾在禁欲與縱慾、肯定肉體和否定肉體的矛盾中跌跌撞撞地發展。是肯定感性衝動、強調現世的肉體存在，還是轉向理性約束、追求永恒的彼岸世界？這兩個對立的發展趨勢的交替出現，構成了一部西方服飾發展史。西方服飾關注的是靈魂與肉體的關係，即服飾是強調和突出肉體，還是否定和超越肉體以獲得靈魂的救贖？在這一選擇過程中，一方面，在漫長的中世紀，基督徒們穿著色彩單調、寬大保守的土布麻衣以確保嚴密遮蓋身體，女人更是戴上了長可及肩的面罩或遮掩全身的面紗；另一方面，西方服裝又發展了立體剪裁法以便將服裝做得更貼身適體，發明了各種衣服襯墊、緊身胸衣以及裙撐來改造人體體型，以便將人體體型塑造得更合乎流行觀念對男性、女性理想體型的不同要求。〔註7〕

　　在中國古代的宗法文化背景下，受中國古代理性和感性分裂不徹底從而未能各自充分發展的「民族心理結構」的影響，在「實踐理性」指導下的儒家，致力於通過服飾對不同個體的社會身份作出區分，並在此基礎上，將不同個體編入一個尊卑有序、秩序井然的社會整體當中，在這裡，服飾強調的是在尊卑有別的前提下達到「人人以和」，從而成爲昭名分、辨等威、別貴賤的工具；而講究「齊物」、主張「天地與我並生，而萬物與我爲一」的道家，追求的則是「法天貴眞」，要求「解衣盤礴」，「以天對天」，試圖在對儒家的衣冠制度的消解中達到回歸自然、物我兩忘的境界。然而，無論是儒家「入世」精神指導下的衣冠服制，還是道家「出世」精神指導下的解構文飾，肉

在前後襟下緣各用一整幅布橫接成橫襴，以橫襴象徵原來的下裳，算是以變通的方式遵守了上衣下裳的基本組合規則。明代官員的公服，也依然保留這種襴衫的形制。參見黃能馥、陳娟娟《中國服裝史》，中國旅遊出版社 1995年版，第 148 頁。

〔註6〕關於中國與西方「民族心理結構」、「民族文化結構」以及「民族社會結構」的比較，見《陳炎自選集》，廣西師範大學出版社 2002 年版，第 91～125 頁。

〔註7〕關於中國古代與西方古代的服飾文化比較，參見陳炎、李梅《中國與西方服飾的古代、現代、後現代特徵》，《文藝研究》2005 年第 8 期。

體的衝動、感官的享受都遭到了否定或批判，因此，中國古代服飾沒有在縱慾還是禁欲、肯定肉體還是否定肉體的對立的兩極選擇之間掙扎，而是在「文質彬彬」與「返樸歸眞」的互補格局中，用寬大的衣服遮蔽了身體，將個體的生命存在，或者融入社會，或者回歸自然，從而發展了自己褒衣博袖的平面剪裁風格，形成了「鏤金錯采、雕繢滿眼」與「初發芙蓉，自然可愛」兩種服飾美學風格。〔註8〕

　　某種特定的服飾一旦被特定的時代、社會、民族所選擇，這種服飾所起的作用，就絕不會僅僅局限於調節體溫、避免蚊蟲叮咬、防止外力擦傷等保護身體的功能性指向，它同時還被賦予了豐富的文化內涵，參與了對社會秩序的維護和對人與人關係的調節，因此，人類服飾絕不等同於動物的皮毛，它還因爲具有豐富的非功能性指向而成爲一種文化符號，從而進入人類文化系統。按照德國符號論美學家卡西爾的觀點，人類與動物的不同之處，就在於人能夠利用符號來創造文化。卡西爾在《人論》中說：「除了在一切動物種屬中都可看到的感受器系統和效應器系統以外，在人那裡還可發現可稱之爲符號系統的第三環節，它存在於這兩個系統之間。這個新的獲得物改變了整個的人類生活」。在這個意義上，卡西爾將人定義爲「符號的動物」。與動物相比，「人不再生活在一個單純的物理宇宙之中，而是生活在一個符號宇宙之中」。符號系統的獲得，使「人生活在新的實在之維中」。卡西爾甚至說，如果人失去了符號這些「人爲媒介物的中介」，「他就不可能看見或認識任何東西」。〔註9〕也就是說，人類需要通過各種形式的符號創造文化，認識世界，認識自我。作爲人類的文化符號之一，服飾既要受到人類對待自然、對待社會的態度的影響，又要參與人類對世界和自我的認識與構建活動。一方面，不同時代、不同地域、不同民族因對待自然、社會、人三者之間關係的不同看法，而製造了文化樣式各不相同的服飾；另一方面，服飾一經產生並由人穿戴，又被人用以把握和確認自己在自然及社會中的位置。上文我們已經提到過兩個問題，落到先秦時代，即特定自然和歷史條件下我們的祖先究竟選擇了什麼樣的服飾？在服飾的諸多可能性當中，先秦服飾爲什麼作出這一種

〔註8〕關於儒家對禮樂文飾的建構與道家的解構之間的互補格局，參見《陳炎自選集》，廣西師範大學出版社2002年版，第57～72頁。

〔註9〕〔德〕恩斯特‧卡西爾《人論》，甘陽譯，上海譯文出版社2004版，第35、36頁。

而不是那一種審美選擇？那麼，繼這兩個問題之後，我們還要繼續追問，作
爲一種文化符號，具體的某類服飾，在某種特定的文化中，又是如何實現其
符號功能的呢？或者說，作爲一種文化符號，服飾在先秦審美文化中，如何
實現其昭名分、辨等威、表德勸善的符號功能？前一個問題，需要到考古資
料、文獻記載、古代繪畫、民間實物及傳統民俗中尋找答案，後兩個問題的
解決，則除了需要探究特定時代、特定地域的自然條件以及技術生產水平等
因素之外，還需要將特定時代、特定民族的社會條件、文化心理等因素納入
視野，在這個過程中，我們對後兩個問題最爲感到興趣，我們所希望嘗試的，
就是通過分析特定的民族心理、社會結構、文化模式以及哲學觀念對於服飾
選擇所產生的影響，來探索先秦時代的服飾觀念及這種觀念所產生的社會、
文化及哲學根源。將靜態的結構分析結合動態的歷時的史的描述，也許可以
使先秦服飾審美文化的特質更清楚地顯現出來。

一、中國古代服飾的美學特徵及深層原因

號稱「禮義之邦」的古代中國，又有「衣冠之國」之稱，〔註10〕禮義是
衣冠所強調的內容，衣冠則是禮義的代表形式，故孔穎達這樣解釋「華夏」：
「中國有禮義之大，故稱夏；有服章之美，謂之華。華、夏一也。」〔註11〕
「服章之美」，昭示的乃是「禮義之大」，由此，中國古代服飾質料、樣式、
顏色等物理屬性，就決不單單只與自然環境條件及技術生產水平相關，中國
古代的社會結構、文化結構以及哲學觀念，都對中國古代服飾產生了重要影
響。因此，要分析中國古代服飾的美學特徵，從中國古代的民族社會結構、
文化模式以及哲學觀念對於服飾選擇所產生的影響著手，是一條較爲直接的
途徑。同時，對於中國古代服飾美學特徵及其深層原因的探索，也可以形象
地展現中國古代的社會特點、文化結構及哲學觀念。

（一）「出禮入刑，禮刑結合」的社會結構要求服飾「身份化」

中國古代「禮義之邦」「國」、「家」一體，「法」、「禮」合一，「出禮入

〔註10〕「衣冠之國」的說法，較早見於南朝梁陳間徐陵所作《武皇帝作相時與北齊
　　　廣陵城主書》，其中有「衣冠之國，禮樂相承」之語。見《文苑英華》卷六百
　　　八十二及《漢魏六朝百三家集》卷一百零三上，《文淵閣四庫全書》本。
〔註11〕〔唐〕孔穎達《春秋左傳正義》，中華書局 1980 年縮印阮元校刻《十三經注
　　　疏》本，第 446 頁。

刑，禮刑結合」的社會結構特點，〔註12〕使中國古代服飾成為昭名分、辨等威、分貴賤、別親疏的工具，各種服飾規則被納入典章制度，成為禮制的重要組成部分。作為「禮文」的組成部分，服飾的意義在於將個人按照尊卑等級、親疏遠近加以區分，融入社會整體，在將獨立個體「身份化」為社會成員的過程中，服飾實現了其昭名分、辨等威、表德勸善的文化符號功能。

禮文的作用，在於通過區分人的尊卑貴賤、親疏遠近，使每個個體按照社會要求扮演好自己的角色，建立「君君、臣臣、父父、子子」的和而不同、各有等差的社會秩序。於是，服飾便成了昭名分、辨等威、分貴賤、別親疏的工具，穿什麼以及如何穿，佩什麼以及怎麼佩，就幾乎沒有個人按一己之意願進行選擇的餘地，各種服飾規則被納入典章制度，成為禮制的一個重要組成部分，違背這一規則，就是違禮，就是僭越，就是「人而無禮，不死何為」，「人而無儀，不死何為」。〔註13〕

在這樣的社會結構中，作為「禮文」的組成部分，服飾的意義便在於，使自然的人向社會的人生成，將個人按照尊卑等級、親疏遠近加以區分之後，再融入社會整體，用社會的共性淹沒個體的個性。在將每個獨立個體「身份化」為社會成員的過程中，服飾實現了其昭名分、辨等威、表德勸善的文化符號功能。

作為尊卑等級的具體標誌，不同的服飾標誌出人的不同身份和不同地位。物以類聚，人以群分，服飾的意義在於將人區分出貴賤親疏的不同角色，只有先有了區分和差別，才有可能「和而不同」。因此，人要根據自己的角色來穿衣戴帽，這便是服飾的「身份化」。只要服飾符合人的角色與身份，有時即使違背常規而顯得有些荒謬，也會被人稱頌。二十四孝中有「老萊娛親」，《藝文類聚》卷二十引《列女傳》：「老萊子孝養二親，行年七十，嬰兒自娛，著五色采衣，嘗取漿上堂，跌仆，因臥地為小兒啼，或弄烏鳥於親側。」〔註14〕老萊子七十歲著五色彩衣，本來可能會因不合乎社會對於老年人服飾的常規要求而顯得荒唐可笑，但是老萊子的目的在於取悅父母，合乎「父母在，不言老」的孝道，「萊彩」因合乎人子的角色和身份，而成了身份化服

〔註12〕 參見《陳炎自選集》，廣西師範大學出版社2002年版，第121～122頁。

〔註13〕 《詩經‧鄘風‧相鼠》。本書所引先秦兩漢典籍，典冊俱在，除特殊情況，不再詳注。

〔註14〕 〔唐〕歐陽詢《藝文類聚》，汪紹楹校本，上海古籍出版社1995年版，第369頁。

飾的典範，並被列入二十四孝中，以發蒙兒童，供後人學習。

　　「身份化」的服飾要求「身份化」的行為舉止，合乎身份的服飾同時又成為對舉止言行的一種約束：在先秦，君子大人所穿戴的寬袍大袖與峨冠博帶，令人在進退周旋之際，不得不從容和緩，端正謹慎，行走之間，長長的裳擺要飄然擺動，疾趨而進，寬大的袖子要如鳥舒翼，升堂見尊者長輩時，要小心地將裳的下擺微微提起，既是防止踩踏，又是表示恭敬，即只有按照「衣前後，襜如也。趨進，翼如也」，「攝齊升堂，鞠躬如也」的行動規則，[註15] 才能體現褒衣博帶的文質彬彬、坦蕩大方之美，行動冒失，舉止荒疏，就可能跋前躓後，洋相百出；冕冠的冕板，後面比前面高出一寸，使冕冠有向前傾斜之勢，戴上之後使人呈前俯之狀，以象徵天子體恤下民；冕冠的冕旒，增添了天子的神秘和威嚴，同時，冕冠前面的旒與前低後高的冕板，又使戴冕冠的天子很難挺胸昂頭，只能做出虛心前傾的姿態，於是，冕冠對人姿態舉止的限制，使人具有了不怒而威又簡而無傲的儒家理想的君王氣度。穿衣得體，舉止得體，個體就被「身份化」為社會所要求的角色，從而融入了社會整體。

　　「身份化」的服飾，要求有「身份化」的道德與服飾相稱。在西周統治者用「以德配天」來解釋自己權力的合法性之後，「德」便成了權力的重要來源，其後，天子之德進一步擴展為君子之德，又進而擴大為人格，而儒家「修身、齊家、治國、平天下」的理想，也正是出於「德」即權力這個邏輯。君子與小人，既有地位尊卑的區別，又是道德高下的分野，尊者德盛，人間最尊貴的天子，則集眾美於一身，所有的美德都歸於天子，德之多少厚薄，與地位之高下貴賤成正比，而地位之高下貴賤又與服飾的尊盛程度成正比。不同的服飾，服飾的不同部件，既代表著不同的尊卑等級，同時又分別對應著不同的道德品行，於是，「君子於玉比德」、服飾比德的思路便顯得那麼順理成章。地位、道德、服飾三者的尊盛程度應該而且也必須統一起來：地位與服飾不相稱，是僭越違禮，德行與地位、服飾不相稱，同樣也要受到譴責，《詩經・曹風・候人》中的「彼其之子，三百赤芾」，「彼其之子，不稱其服」，是諷刺曹共公所親信的小人「德薄而服尊」；《詩經・鄘風・君子偕老》中的「象服是宜。子之不淑，云如之何」，是譴責有淫行的宣姜「德服不稱」，而《詩經・曹風・鳲鳩》中「其帶伊絲，其弁伊騏」，「其儀不忒，正是四國」的「淑

〔註15〕《論語・鄉黨》。

人君子」，則是要稱頌的德服相稱的典型了。直到唐代，詩人韓愈還在詩作《朝歸》裏感歎「峨峨進賢冠，耿耿水蒼佩。服章豈不好，不與德相對」。

「身份化」的服飾及與服飾相關的行爲，還要求「身份化」的情感。孔子以「仁」釋禮，將建立在血緣親情基礎上的人倫情感作爲禮的內在依據，禮要「順人情」，這是理性中有感性，禮制中體現著情感；但是雖然是「發乎情」，更重要的卻是「止乎禮義」，禮以人倫情感爲基礎，又要對人的情感加以節制和規範，這是感性中有理性，情感要受禮制的制約。「身份化」的服飾與「身份化」的情感的對應關係，在喪服五服中表現得最爲典型。喪服五服對應於服喪者與死者的親疏遠近，與喪服之五服對應的，是感情上哀痛的深淺程度，穿著喪服而不夠哀痛或者哀痛不眞誠的，固然是違禮，要受輿論譴責；哀戚過制的，也同樣是違背禮制。先秦禮制，生母被父親所休棄者，稱作「出母」，兒子爲出母只能服齊衰杖期，「期」的本義爲一年，但王肅認爲實際是十三個月，鄭玄認爲是十五個月，如果兒子爲宗祧繼承人，則爲出母無服。〔註16〕據《禮記・檀弓上》記載，「孔氏不喪出母，自子思始」。按其文曰：「伯魚之母死，期而猶哭。夫子聞之曰：『誰與哭者？』門人曰：『鯉也。』夫子曰：『嘻，其甚也。』伯魚聞之，遂除之。」孔鯉爲被休棄的生母的去世哀戚過制，就遭到了孔子的批評，認爲是「其甚也」。

服飾的「身份化」與情感的「身份化」的對應關係，在詩文中表現最爲突出。「慈母手中線，游子身上衣」，是母子之情；「豈曰無衣，與子同袍」，是將士同仇敵愾之情；「衣輕裘，與朋友共，雖敝，無憾」，是朋友之情；「青青子衿，悠悠我心」是君王霸主求賢若渴之情；而「知子之來之，雜佩以贈之。知子之順之，雜佩以問之。知子之好之，雜佩以報之」，「何以慰別離？耳後玳瑁釵」，則是男女相思之情。

另外，「身份化」的服飾，又使某些與服飾相關的行爲具有了某種特定的含義，從而成爲表達情感、意願、心境、態度的某種程序、某種語言。比較典型的如「免冠謝罪」。古代冠爲貴族身份和成年的標誌，庶人、小孩、夷人、罪犯不能戴冠，由於罪犯不冠，即以「免冠」表示謝罪。〔註17〕其他如姜后脫簪、廉頗負荊表示誠惶誠恐、待罪謝罪之意，蕭何徒跣謝恩表示臣下謝恩的眞誠急迫之情，蔡邕對王粲倒屣相迎表示對來客的熱情歡迎和高度重視，

〔註16〕參見丁淩華《中國喪服制度史》，上海人民出版社2000年版，第142頁。
〔註17〕參見秦永洲《中國社會風俗史》，山東人民出版社2000年版，第5頁。

而禰衡裸身著褲是為了表現對曹操的蔑視。

　　最後，身份化的服飾，重視的是人的社會身份、社會角色的標示與確認，服飾對人的「別」，在於別男女、別親疏、別尊卑、別長幼，正所謂「有男女，然後有夫婦。有夫婦，然後有父子。有父子，然後有君臣。有君臣，然後有上下」(《周易・序卦》)，夫婦之別、父子之別、君臣之別、上下之別，統統建立在男女之別的基礎之上。在這裡，男女之別，突出的是男女在家族、社會中的位置的區別，反映到服飾裡，就是對男女在家族角色、社會角色上的差異的強調，而不是突出男女的性別特徵和身體差異。事實上，除了唐代女子有「慢束羅裙半露胸」〔註 18〕的裝束外，中國古代的大部分歷史中，男女身體上的性別差異，被寬大嚴密、重重疊疊的衣服給遮蔽了，服飾同樣也要指向「嚴男女之大防」的禮教目的。

　　與西方服飾重視和誇大男女不同的性別特徵相比，中國古代更重視服飾對男女不同的社會身份的區別。因此，在中國古代，不可能出現歐洲十八世紀之前的男人緊緊包裹著大腿的緊身褲，更不可能在褲子前面加一個很誇張的股袋。如果說中國古代服飾對於個人身體的遮蔽，是為了抹掉個性，突出共性，更好地將個人身份化為社會成員的話，那麼，歐洲服飾對身體的遮蔽，很大程度上是為了敞開，正如《羞恥心的文化史 —— 從纏腰布到比基尼》中所說的，「那些有名望的婦女們在中世紀期間是相當文雅地遮蓋著身體的。不過，因為婦女沒有褲子，馬上氣勢洶洶地斥責這是不檢點的做法還算是客氣的。當男性在股袋上開始玩弄色彩的遊戲時，女性以夜禮服這一偉大發明來回敬它。夜禮服為了強化人們的印象，是以其它部位嚴實地封閉著為前提的。身體被覆蓋著，但覆著的某一特定部位卻洞壑大開，這是夜禮服的本質、是她爆炸性力量的秘密所在」，而無論遮蔽還是敞開，無論隱藏還是裸露，目的既在於顯示個性，也在於增加性的魅力，「增加變化的就是肉體本身。當時也和今天一樣，由於兩個女人站在一起不可能從這兒到那兒任何地方都一模一樣，所以只有穿衣服是帶來一種劃一性的事情了。然而，不管在哪個時代，女性要顧及體面的話，馬上就要猛烈地反對劃一性。高貴的埃及女性似乎有句座右銘：如果穿著和其他女人同樣的服裝一起走路，索性不如脫光了更好」。〔註 19〕

〔註 18〕　〔唐〕周濆《逢鄰女》，《全唐詩》卷七百七十一，《文淵閣四庫全書》本。
〔註 19〕　〔德〕赫爾曼・施賴貝爾《羞恥心的文化史 —— 從纏腰布到比基尼》，三聯

　　人們常常將西方古代及近代女性所穿的緊身胸衣與中國女人的三寸金蓮相提並論，因為二者都是建立在男女有別的傳統之上，都是為了突出男性與女性的區別，都對女性的身體造成了極大損傷，但是緊身胸衣與纏裹小腳的目的完全不同，各自代表的文化內容也完全不同：緊身胸衣的作用，在於束緊腰腹部，突出胸部，目的在於突出女性的第二性徵，在緊身胸衣的基礎上女性再穿上將後臀部高高墊起的「巴斯爾」（臀墊），則整個身體側面便呈現「Ｓ」形，這種凹凸有致的「Ｓ」型身材，被認為體現了理想的女性美，實際上則是對男女兩性肉體性別特徵差異的誇大和強調；而纏足本是為了營造舞蹈時特殊的舞姿與步態，宋代之後，卻因為著眼於禮教對於女人三從四德的苛刻要求，為了保證女子「大門不出，二門不邁」地深處閨中，纏足遂成為推行女教、防止淫奔的重要手段，小腳也就成了男女社會身份區別的重要特徵。一雙被損毀了的行動不便的小腳，象徵著女子謹守閨範的美好德行，於是小腳便變得比容貌還要重要：容貌為天然生成，小腳則象徵後天培養的婦德，民間也便有了「裹小腳，嫁秀才，吃饃饃，就肉菜；裹大腳，嫁瞎子，吃糠菜，就辣子」的歌謠。西方古代宗教社會中，緊身胸衣對女性身體上的性別特徵所作的誇張，指向的是在感性衝動與理性衝動對立格局下對感性衝動的隱晦的肯定；而中國古代宗法社會中，纏裹小腳對女性天足的戕害和改變，強調的則是男女兩性的不同社會身份和社會角色，指向的則是「男女有別」基礎上實現「人人以和」的社會理想的努力。

　　「文質彬彬」，可以被看作是儒家對「身份化」服飾的審美理想；而「解衣般礴」，則可以被看作是道家對「身份化」服飾的否定態度。「質猶文也，文猶質也」〔註20〕，「文勝質則史，質勝文則野」〔註21〕，「文質彬彬」要求服飾及與服飾相關的行為，與人的地位、品行以及人所處的情境相稱，個體的人，經過「文質彬彬」的服飾的「身份化」，才能與社會融為一體；而在道家眼裏，惟有「解衣盤礴」，才能「以物觀物」、「以天對天」，惟有去文飾，去雕琢，去「身份化」，人才能真正與自然融為一體。於是，穿上「身份化」的服飾而入世，脫去「身份化」的服飾而出世，儒家與道家的互補，也就表現在這一穿一脫之中。

　　　　書店1988年版，第14～15頁。
〔註20〕《論語·顏淵》。
〔註21〕《論語·雍也》。

（二）藝術與工藝相滲透的文化結構要求服飾的「藝術化」

中國古代理性與感性和諧發展的心理結構，在「民族文化結構」中，呈現爲藝術與工藝的相互滲透。藝術與工藝的相互滲透，在日常生活中體現爲「泛藝術」的傾向。可以說，中國古代的衣食住行，處處都要講究「禮」，處處也都是藝術。就「食」來說，要求可吃可賞，色味俱佳；就「住」來說，要求可居可遊，居處與自然渾然一體；就「行」來說，則要求且行且觀，觀與感一路相隨。中國古代「民族文化結構」中「泛藝術」的傾向，表現在「衣」上，是要求「衣」可穿可舞：穿是爲了遮羞保暖，舞則是禮儀與審美的需要。在中國古代，進退揖讓的手勢、步形和體態都有繁瑣的特別規定，因此貴胄子弟要專門學習「禮容」，先秦時候沒有專門寫「禮容」的篇章，但西漢初期，賈誼《新書》中已專有《容經》一篇，包括立容、行容、趨容、趨旋之容、跪容、拜容、伏容、坐車之容、立車之容等，科條細密，不經專門學習和練習，無法掌握。無論是拜還是揖，無論是緩步還是急趨，各種佩飾隨著有節奏的步履和動作響成一種悅耳動聽的特殊的音樂，而寬袍大袖則使各種禮儀動作成爲一種優雅大方的特殊的舞蹈。沒有西方古代服飾那種裸露張揚與束縛遮蔽的兩極對立，也不像西方古代服裝那樣突出身體的團塊，追求明確的立體幾何造型，褒衣博袖的中國古代服裝，適體而不是緊身合體，寬大的服裝遠遠超過了遮體蔽形的需要，長袖善舞，寬衣多變，在舉手投足、進退周旋之間，身體團塊被隱去了，只有寬大下垂的衣服隨著身體動作形成的流暢的衣紋線條，產生虛與實、明與暗的節奏感，營造出渾然一體的多維空間造型，展現出變化多端又和諧統一的流線美。

與西方服飾強調、突出身體形態不同，中國古代服飾卻要將人的自然形態徹底遮蔽，而只突出人的社會身份與等級地位。正如《白虎通義・衣裳》所說，「聖人所以制衣服何？以爲絺綌蔽形，表德勸善，別尊卑也。」「絺綌蔽形」，在於對個人身體自然形態的遮蔽和忽略，而由於中國古代「德」、「善」與等級地位之間的對應關係，「表德勸善」，也就是區別尊卑，是對人的社會身份與等級地位的突出和強調。

冕服是中國古代用以「表德勸善」、彰顯社會地位的典型服飾。冕服通過服飾對於穿著者身體所佔空間的擴大，來彰顯統治者身份地位的重要性。在中國古代藝術的空間意識中，重要人物所佔用的空間，總要比其他人佔用的空間要大得多，這一點中國古代的人物繪畫與雕像中表現得尤其明顯，如敦

煌壁畫中的供養人像就是典型代表，敦煌壁畫中第 130 窟的唐代晉昌郡太守樂庭瓖夫人、女兒及其侍婢的供養像中，就以最前面的樂庭瓖夫人的體型最大，所佔空間也最大，跟在後面的兩個女兒體型略小，所佔空間也較小，而女兒後面的眾侍婢的體型最小，所佔用空間也最小。冕冠前後懸垂的冕旒、冕服的寬袍大袖，都給人一種視域空間上的擴大感覺：「冕旒可增大面部的面積，衣袖裙裳也要寬大，一舉手，手就變成一個巨大的面，如果雙手舞動，則爲兩個大面的疊加，形成厚巨的氣勢。一行走，上體之袖、下體之裳飄動伸展開來，同樣顯爲寬大的氣象。」〔註22〕寬袍大袖的服裝，不僅不需要明確體現身體各部位的凹凸情況，而中國古代禮制也要求服裝盡力遮掩身體本身的各種凹凸，既然裁製時可以忽略人體各部位的三維數據，不需要對人體各部分進行細緻的測量 —— 有經驗的裁縫，只需目測即能裁製服裝，因此，與西方發展了重視身體三維數據、要求服裝緊窄合體的立體剪裁法不同，中國古代發展了忽略身體各部位凹凸情況、要求服裝寬大適體的平面裁剪方法。

冕服用來區分尊卑等級的手段，主要在於章紋，即冕服上或繡或繪的圖案。《尚書·皋陶謨》曰：「天命有德，五服五章哉。」《朱子語類·尚書一》解釋說：「若德之大者，則賞以服之大者。德之小者，則賞以服之小者。」〔註23〕冕服章紋爲「德」之象徵，章紋越多，「德」便越多，「服」便越大，地位也就越高。最高等級的冕服，共有日、月、星、龍、山、華蟲、火、宗彝、藻、粉米、黼、黻共 12 章紋（參見書末附圖七）。因此冕服章紋不僅是裝飾圖案，更是意義重大的標示圖案，而冕服章紋要成功地體現等級區別，其圖案就必須要清晰可辨、鮮明突出。這個要求，一方面使中國古代服飾中與服飾圖案相關的繪、染、織、繡等工藝技術相當發達，另一方面，使中國古代服裝的裁制不是向著表現人的自然形體造型，而是向著有利於突出圖案的方向發展，這就形成了中國古代服裝的平面風格。在中國古代服裝中，「除了圖案本身要具有平面的裝飾風格，還需要把本有立體傾向的服裝最大限度地轉爲平面性。平面造型和突出畫意成了中國服裝的基本審美原則」。〔註24〕平面剪裁法所製成的寬衣服裝，擺放或懸掛時，可以像畫卷一樣平整，穿在身上也有將立體的身體平面化的趨勢，正符合突出表現服飾圖案的要求。

〔註22〕張法《中國美學史》，上海人民出版社 2000 年版，第 18～19 頁。
〔註23〕〔宋〕黎靖德編《朱子語類》，中華書局 1986 年版，第 2020 頁。
〔註24〕張法《中國美學史》，上海人民出版社 2000 年版，第 18 頁。

　　無論是冕服對人所佔空間的擴大，還是圖案對冕服平面風格的要求，都指向了中國傳統服裝的平面剪裁法。西方以塑形為目的，採用精確的立體剪裁法所縫製的窄衣（衣料多為厚質毛料），要求的是緊窄合體，穿在身上，無論是站立，還是行走，都沒有明顯的變化，保持著一種相對靜止的立體三維幾何空間，在精確符合人體三維數據的形式中顯示出明晰、穩定的秩序之美；而中國以蔽形為特點，採用模糊的平面剪裁法所縫製的寬衣（衣料多為薄質絲綢），講究的則是寬鬆適體，雖然攤開或者掛起來看，呈現二維平面風格，穿在身上也有將立體的身體平面化的趨勢，但是，寬大輕薄的衣服，綿延起伏的衣褶，如鳥舒翼的寬袖，曲直纏繞的襟裾，飄然下垂的衣帶，隨著人身體的行止動靜，一起營造了一個有虛有實、變化多端、氣韻生動、渾然一體的多維立體幾何空間，在頗難把握的錯綜變化中，顯示出靈動、流暢的氣韻之美。

　　中國畫與書法，都可以看作是線的藝術，而褒衣博袖隨著人體行動所產生的變化多端的衣褶，加上冕服的革帶、大帶以及冕冠之上的天河帶，都展現為行雲流水般的流線，這使中國古代服裝也成為一種線的藝術：「靜，是線的分明，動，是線的變化。線的突出是中國服飾的基本審美原則之一。」〔註25〕與此相應，中國古代人物畫中，對於衣服褶紋表現十分重視，諸如高古遊絲描、琴弦描、鐵線描、行雲流水描、蚯蚓描、馬蝗描、釘頭鼠尾描、柳葉描、棗核描等筆法，被後人總結為「十八描」。

　　中國古代服飾中所追求的流線美，是一種整體流暢的長線型。不僅綿長的衣紋與大帶，就是上衣前胸的右衽，呈現出的也是一條完整一體的長曲線。為了追求服裝的平面性、長線條，中國古代服裝不像以塑形為目的的西方服裝那樣，需要使用大量的別針或鈕扣，而是在腰部繫一條長長的腰帶。人們常說的「曹衣出水，吳帶當風」，指古代人物畫中對於衣紋的兩種不同表現方式，一般認為，「曹」指南齊曹仲達，「吳」指唐代吳道子，「曹衣出水」的筆法剛勁稠疊，一般沒有粗細變化，而「吳帶當風」的筆法圓轉飄逸，一般有粗細變化。除了「曹衣出水，吳帶當風」，對於衣紋的表現，常為人稱道的還有東晉顧愷之所畫的精緻細密的衣紋，被稱作「春蠶吐絲」。無論是「曹衣出水，吳帶當風」，還是「春蠶吐絲」，講究的都是一種連綿延續的筆意，這種連綿延續的筆意，既與書法的用筆要求相似，又跟現實中行雲流水般的衣裳

〔註25〕張法《中國美學史》，上海人民出版社2000年版，第18頁。

褶紋有關，因此，從這個意義上說，中國古代服裝與中國書畫的筆墨線條，
又有著相似的追求。

　　就對於團塊的三維立體造型的重視來說，西方服飾與西方雕塑似乎有著
共同的追求，而中國服飾則與中國書畫有著更多的意趣，即二者都講究線條
的韻致，中國書畫為平面藝術，卻又在二維平面上通過線條來展現一個多維
空間，而採用不精密的平面剪裁法制作的中國古代傳統服飾，在懸掛或者平
攤時，也只是一個二維平面，一旦穿到身上，隨著人體的活動，便展示出一
個多維動感空間。因此中國古代服飾點、線、面的布局，更注重整體感，寬
大的服裝穿起來要舒適，而穿上之後隨著人體動作，又要顯示出線條流轉的
節奏、韻律之美。

　　中國古代服飾的「藝術化」，還體現在服飾將人「身份化」時所採用的
「比德」等具有詩性智慧的藝術手段上。中國古代對待世界的詩性思維和詩
性態度，體現在詩歌上是通過比興來美善刺惡；體現在自然審美中是「山水
比德」；體現在古代服飾審美中，是「玉之比德」，而將「玉之比德」進一步
擴展，便是服飾「比德」。服飾比德與詩詞比興，採用的都是「取象比類」
的思維方法，將形象相似、情境相關、異質同構，甚至語音相近的不同事物，
通過聯想、類推、比喻、象徵、諧音等方式聯繫在一起。二者都是用一個具
體形象來表達一個抽象的事物，不同之處在於服飾比德選用的具體形像是服
飾本身的形制、顏色、圖案、質料等因素，而詩詞比興所選用的則是詩歌意
象。在服飾比德的過程中，對於道德倫理的抽象思考，沒有採用嚴格的概念
範疇和嚴密的論證手段，也沒有建立嚴整的理論體系，而是採用服飾具體的
感性形象，通過直覺和感悟來體會、表現抽象的道德，在這個過程中，理性
與感性、形象思維與抽象思維達到了渾然一體，和諧發展。

（三）「天人合一」的哲學觀念要求服飾「象法天地」

　　中國古代以重結構、重功能為特徵的「陰陽」辯證思維模式使人們習慣
於從結構的角度分析元素，注重整體構架中的功能聯繫，在這樣的思維模式
下，天地萬物被視為一個整體，萬物之間被認為具有某種普遍聯繫和普遍感
應，而人們則可以通過「陰陽五行」的分類方式來「究天人之際」，把握自然
與社會規律以及自然與人事之間的關係。今天人們習慣於將中國古代天、地、
人異質同構共感的這種宇宙觀和哲學觀，簡稱作「天人合一」。〔註26〕「天人

─────────────────
〔註26〕「天人合一」的思想春秋時代已有萌芽，《左傳・成公十三年》「民受天地之

合一」的哲學觀，使天道、人事與服飾之間，也具有了某種異質同構的關係，「象法天地」遂成爲中國古代服飾形制、顏色選擇的重要原則。

　　先秦時期，天地宇宙的自然法則，已經被歸納爲各種特定的數字，這些「數字化概念」，「由於它得到古人心目中的宇宙天地秩序的支持而擁有天然的合理性」，〔註27〕同時也使服飾體現「天道」，及用「天道」來解釋服飾，具有了可操作性。古人描述「天道」的數字概念之中，奇、偶數被視爲彼此對立的最重要的一對數，分別對應著天與地、男與女、陽與陰、日與月、白與黑等事物或現象。奇、偶數被用來解釋服飾，最突出的是對上衣下裳的解釋，「乾天在上，衣象，衣上闔而圓，有陽奇象。坤地在下，裳象，裳下兩股，有陰偶象。上衣下裳，不可顛倒，使人知尊卑上下，不可亂，則民自定，天下治矣」。〔註28〕上衣因前後相屬爲一片，爲奇數，爲天，爲陽；下裳因前後兩片而爲偶數，爲地，爲陰，二者合在一起，象徵著天尊地卑的「天道」與君尊臣卑的「人道」。上衣既爲天，爲陽，冕服中，上衣所繪圖案章數，除了大裘冕共十二章，上衣爲六章，以及玄冕共一章，上衣不加章飾外，冕服上衣的章紋數目都爲奇數：如五章、三章、一章；而冕服的下裳，除了玄冕一章，下裳只有一章外，冕服下裳的章紋數目都爲偶數，如六章、四章、二章。

　　中國古代服飾中，最突出的是對數字「十二」的重視。《禮記·郊特牲》規定郊祭時帝王的服飾說：「祭之日，王被袞以象天，戴冕璪十有二旒，則天數也。」《周禮·夏官·弁師》：「弁師掌王之五冕，皆玄冕，朱裏，延，紐，五采繅十有二就，皆五采玉十有二。」帝王的冕冠，冕板前後懸著以五彩絲繩串起來的玉，這些五彩絲繩又被稱作「藻」，以藻穿玉，冕冠前後的玉串便被稱作「玉藻」。帝王冕冠玉藻十二旒，每旒又貫十二塊玉，每玉相間一寸，因此每旒又長十二寸。此外，帝王最高級別的冕服上，要繡繢十二章章紋。深衣是中國古代穿用最普遍的服裝之一，帝王貴冑、平民百姓都可以穿用，

中以生，所謂命民。是以有動作禮義威儀之則，以定命也」，被認爲是「天人合一」思想的較早表述。「天人合一」的說法，則出現較晚，漢代董仲舒《春秋繁露·陰陽義》「以類合之，天人一也」，《春秋繁露·深察名號》「天人之際，合而爲一」被認爲是「天人合一」思想較早的明確提法，宋代張載《正蒙·乾稱》「儒者則因明致誠，因誠致明，故天人合一，致學而可以成聖，得天而未始遺人」，真正使用了「天人合一」一詞。

〔註27〕葛兆光《中國思想史》（第一卷），復旦大學出版社 2001 年版，第 61 頁。

〔註28〕《古今圖書集成·禮儀典》。

祭祀、宴飲、燕居、軍旅都可以適用，深衣的形制，《禮記·深衣》載：「古者深衣蓋有制度……制十有二幅，以應十有二月。」鄭玄注：「裳六幅，每幅分之以爲上下之殺。」就是說，深衣的下裳用六幅面料，每幅交解裁成兩片，因此共計爲十二幅，這是象徵一年的 12 個月。

從冕冠到深衣，古代服飾對於十二這一數字的重視，反映了古人取法天數的意識。在中國古代，天時以「十二」爲紀，《周禮·春官·宗伯》有「馮相氏，掌十有二歲、十有二月、十有二辰」之說，古人以歲星（即木星）運行爲紀時標誌，認爲歲星十二年繞天一周，每年所在的位置叫作一次，故周天爲十二次；以月之圓缺爲標誌，十二次圓缺爲一年，故一年爲十二個月。一周天十二歲，一歲十二月，一天十二辰，十二被看作是天之大數，《左傳·哀公元年》曰：「周之王也，制禮上物，不過十二，以爲天之大數也。」杜預注：「天有十二次，故制禮象之。」「十二」作爲天數，成爲包括服飾在內的各種事物的「定數」：空間劃分上有十二洲，天子之旗也要「十有二旒」，連司馬遷作《史記》都要湊足十二紀……

在形制上，服飾除了通過數字來溝通「天道」與「人道」，也採用象形的方式來表現「天道」，規範人道。「在一切原始民族當中，天圓地方說無疑是最早出現的、樸素的、直觀的宇宙圖式」，〔註 29〕中國古代也認爲，「方屬地，圓屬天，天圓地方」，〔註 30〕因此，天又可被稱作「圓」，地又可被稱作「方」，《楚辭·天問》云：「圓則九重」，「地方九則」。玉琮一般被認爲是古人祭祀天地的神器，其內圓代表天，外方代表地，通孔則表示天地間的溝通，則玉琮就是天圓地方觀念的產物，而 1982 年江蘇武進寺墩良渚文化遺址出土的玉琮，以及 1986 年浙江餘杭反山良渚文化遺址出土的玉琮，則將天圓地方觀念的產生時間，推到了公元前 3000 年以前。〔註 31〕在天人合一的思想背景之下，在天圓地方概念的影響下，人本身的圓顱方趾，已被看作天道與地道的感性形式，而對於祭壇、宮室、服飾等的造作，更是要「上法圓天以順三光，下法方地以順四時」了。〔註 32〕因此，通常人所戴的冠帽，多爲圓形，所穿之舄履，多爲方頭（如秦始皇陵兵馬俑便著方口翹頭履、方口翹尖履、方口齊

〔註 29〕鄭文光編著《中國天文學源流》，科學出版社 1979 年版，第 203 頁。
〔註 30〕《周髀算經》。
〔註 31〕參見葛兆光《中國思想史》（第一卷），復旦大學出版社 2001 年版，第 36～37頁。
〔註 32〕《莊子·說劍》。

頭履），〔註33〕所謂戴圓履方、戴天履地，這既是便身利事的需要，又是法象天地的表現。帝王冕冠的冕板，是前圓後方，冕板中央有一條被稱作「天河帶」的長絲帶長垂至下裳，冕板的前圓象天，後方象地，天河帶從頭頂垂下，貫通上衣下裳，象徵天地交合，這是純粹的象法天地了。

　　除了天道定數和天圓地方的觀念，陰陽觀念也會影響到對服飾製作工藝的解釋，而對服飾製作工藝的陰陽五行化的解釋，又會將某種服飾製作工藝手段固定下來。例如，先秦冕服中，上衣的章紋圖案用畫繢的方法製作，而下裳的章紋圖案用刺繡的方法製作，之所以如此，《周禮・春官・司服》賈公彥《疏》對此的解釋是：「衣是陽，陽至輕浮，畫亦輕浮，故衣繢也……裳主陰，刺亦是沈深之義，故裳刺也」。〔註34〕

　　顏色是服飾最鮮明，因而也是最重要的外觀特徵，因此，通過服飾顏色來象徵天道秩序，也是「象法天地」最便捷的途徑。《周易・坤卦・文言》：「天玄而地黃。」天色玄，地色黃，於是有上古「玄衣黃裳」之說，《後漢書・輿服志下》：「黃帝、堯、舜垂衣裳而天下治，蓋取諸乾坤。乾坤有文，故上衣玄，下裳黃。」玄衣為黑色上衣。由於上衣下裳被認為象徵著天尊地卑，中國古代又有正色尊而間色卑的觀念，正色為純色，包括青、赤、黃、白、黑五色，間色就是雜色，由正色調配而成，下裳的黃色因是正色，又被間色纁色（赤黃色，一說淺絳色）所替代，古代貴族禮服，又有了「玄衣纁裳」的說法，《禮記・玉藻》「衣正色，裳間色」下鄭玄注：「謂冕服玄上纁下。」孔穎達疏：「玄是天色，故為正；纁是地色，赤黃之雜，故為間色。」〔註35〕先秦時期，不僅貴族禮服為玄色，據《儀禮・士昏禮》，新娘在婚禮上要穿「純衣纁袡」，即有著絳色衣緣的純玄色衣服。

　　與冕服相配的冕冠，主要由最上端的冕板，將冕固著在頭上的帽卷、笄、帽圈（又稱武）以及前後冕旒組成。冕板又稱「延」，或者「綖」，是由薄木板製成的冕板，冕板上面塗玄色以象徵天，下面塗纁色以象徵地，「上玄下纁」與「玄衣纁裳」意義一致。

〔註33〕　參見蔡子諤《中國服飾美學史》，河北美術出版社 2001 年版，第 12 頁、34頁。

〔註34〕　〔漢〕鄭玄注、〔唐〕賈公彥疏《周禮注疏》，阮元校刻《十三經注疏》本，中華書局 1980 年版，第 143～144 頁。

〔註35〕　〔漢〕鄭玄注、〔唐〕孔穎達疏《禮記正義》，阮元校刻《十三經注疏》本，中華書局 1980 年版，第 249 頁。

顏色的陰陽五行化，對於古代服飾顏色的選擇也有影響，如周代天子在祀天時所穿的鞋履，通常為絲製、木製複底，被稱作「舄」，即《詩‧豳風‧狼跋》中所謂「赤舄几几」。周天子之舄有三種顏色：白、黑、赤。以赤舄為上服，因為「赤者盛陽之色，表陽明之義」，周代王后也有三種顏色的舄，分別為赤、青、玄。但與天子以赤舄為上服不同，王后則以玄色為上服，因為「玄者正陰之色，表幽陰之義。」赤色成了「盛陽之色」，黑色成了「正陰之色」，所以天子在最隆重場合穿赤舄，王后穿玄舄。顏色的五行化，還可以解釋禮服顏色的變化。如顏色中的五正色青、赤、黃、白、黑，被分別與五行木、火、土、金、水相對應，並進而與五情怒、喜、思、憂、恐一一對應，其中，赤色對應的為「喜」，後世便漸漸將赤色，即今天的大紅色看作喜慶吉祥的顏色，於是婚禮慶典，從衣服到飾物，各種顏色的選擇，都傾向於選用大紅，而紅嫁衣也成了新娘必備的服裝。

「天人合一」的哲學觀念，使服飾與天道、人事間通過類比建立起某種對應關係，服飾風尚的變遷也就獲得了與社會、政治有關的解釋。據《舊唐書‧令狐德棻傳》載，唐高祖曾問令狐德棻：「比者，丈夫冠、婦人髻競為高大，何也？」令狐德棻回答說：「在人之身，冠為上飾，所以古人方諸君上。昔東晉之末，君弱臣強，江左士女，皆衣小而裳大。及宋武正位之後，君德尊嚴，衣服之製，俄亦變改。此即近事之徵。」〔註36〕冠在頭頂上，而衣在裳上，因冠與衣所在方位之「上」與君王所在社會位置之「上」這一關聯，冠、衣與皇權之間便具有了某種異質同構性，東晉君弱臣強，與此相應的是南方士女的上衣短窄瘦小，下裳卻很大；南朝宋武帝代晉後，帝王地位尊嚴起來，與此相應的是上衣變大而下裳變小；初唐男人戴的冠越來越大，女人的髮髻越梳越高，也是因為在上的君王尊嚴強大起來。中國古代既然傾向於相信天道、人事與服飾之間具有某種神秘的同構共感的關係，那麼也就難怪會有人試圖通過改變服飾來干預或影響大自然的運動。由於自然與人事之間的異質、同構、共感關係，常常被解釋成五行對應關係，於是董仲舒在《春秋繁露‧求雨》中，提到春天求雨時，主持其事的巫要「服蒼衣」，田夫也要「服青衣」，「青」與「蒼」，都是東方之色，在五行中與春相對應；而夏天求雨「服赤衣」，季夏「衣黃衣」，秋天「服白衣」，冬天「服黑衣」，也都是依照季節與顏色在五行圖式中的對應關係，來決定求雨時所穿衣服的顏色。似

〔註36〕〔後晉〕劉昫等《舊唐書》，中華書局1975年版，第2596頁。

乎只要人所穿戴的服飾顏色與季節協調一致，大自然便可以風調雨順。

　　古代服飾顏色的選擇，也有不顧服飾與天道、人事之間的普遍聯繫，違背正色間色尊卑論，由色彩自然屬性所引起的人的生理、心理反應起決定作用的情況，如「齊桓公好服紫，一國盡服紫。當是時也，五素不得一紫」，〔註37〕儘管孔子對「紫之奪朱」表示憤慨，但是波長最短的紫色，由於「具有穩重、華貴的性格特徵」，在色彩心理學上「被視作權威的象徵」，後世仍然被視作富貴的色彩，〔註38〕唐代詩人韓愈的詩作《送區弘南歸》稱「佩服上色紫與緋」，恰好證明了這一點。

二、先秦服飾審美文化概說

　　服飾包括一切由人所加工製造，並由人所穿戴的衣物、飾品。各種加工過的人造材料或者天然材料，需要經過人的穿戴，才能真正變成服飾，也就是說，惟有人的穿戴行為才能使服飾成為服飾。因此，對於服飾文化的研究，除了要包括服飾本身的質料、形制、顏色等要素外，還必然要包括對服飾的穿戴方式的研究。特定時代的服飾觀念，除了通過服飾本身的質料、形制、顏色等因素來展現之外，還體現在特定時代與服飾相關的行為上。

　　「文化」本身是一個十分寬泛的概念，此處所說的文化，指的是「一種非物質形態的社會存在」，是「介於存在和意識之間的一個特殊層次」。「對於客觀的物質存在來講，文化屬於社會意識方面的東西。儘管我們可以從仰韶的彩陶和饕餮中發現那個時代的『文化』，但是我們所反映的並不是這些彩陶和饕餮本身，而是指通過它們所反映出來的那種看不見、摸不著的東西：一種時代的風尚、一種民族的習慣、一種社會的心理、一種集團的氣質……對於主觀的社會意識來講，文化似乎又屬於社會存在方面的東西。因為它既不是偶然的思想觀點，又不以個人的主觀意志為轉移；相反，它是決定具體觀點、影響個人意志的一種相對穩定的存在。儘管這種存在並不是以物質的形態擺在人們面前的，但卻又是每一個社會的人所無法擺脫、難以超越的。這種文化不僅體現在人們外在的行為規範和典章制度之中，而且還會滲透到人們內在的心理習慣和思維方式之中」〔註39〕由此，服飾文化研究既應包括對

〔註37〕《韓非子・外儲說左上》。
〔註38〕黃能馥、陳娟娟《中國服飾史》，上海人民出版社2004年版，第92頁。
〔註39〕陳炎《反理性思潮的反思》，山東大學出版社1994年版，第9～10頁。

服飾的款式、顏色、圖案、面料、製作工藝、穿著方式等物態的描述，也應包括對於通過服飾（包括穿戴行為）所體現出來的時代風尚、民族習慣、社會心理、集團氣質的分析，以及對於潛藏在服飾物態之後的文化意向、價值觀、哲學和美學觀念、社會學及心理學意蘊等的揭示。

　　基於文化處於「道」、「器」之間的這種中間性質，陳炎先生在《中國審美文化史‧前言》中將「審美文化史」與「審美思想史」、「審美物態史」作出了區分，指出，「『審美文化史』既不同於邏輯思辨的『審美思想史』，又不同於現象描述的『審美物態史』，而是以其特有的形態來彌補二者之間存在的裂痕：一方面用實證性的物態史來校正和印證思辨性的觀念史，一方面用思辨性的觀念史來概括和升華實證性的物態史」。這個關於審美文化史的定位，可以套用到服飾審美文化史的定位上，服飾物態是服飾觀念的外在表現形態，而服飾觀念則是服飾物態的內在規定和靈魂，服飾審美文化史的嘗試，應該是一方面用實證性的服飾審美物態史來校正和印證思辨性的觀念史，另一方面用思辨性的觀念史來概括和升華實證性的服飾審美物態史。

　　即使是單純的服飾物態史，也沒有可能不需要任何理論指導地、絕對客觀地再現服飾的歷史——描述什麼、不描述什麼，這本身就已經是在某種理論指導下的選擇了，而對需要用思辨性的觀念史來概括、解釋服飾物態史的服飾審美文化史的探索，就更應該「是一種建立在思辨成果和實證材料基礎上的解釋和描述」了。〔註40〕具體到先秦服飾審美文化，我們將要探索的兩個問題——在先秦為何是這一種而不是那一種服飾，為歷史所選擇並被當時人們認為是美的，以及在先秦為何是這一種而不是那一種服飾，為歷史所選擇作為一種文化符號，先秦服飾如何在先秦社會中實現其文化符號的功能，都只有在思辨推理與實證分析結合起來的基礎上，才有可能得到相對合理的闡釋與解答。

　　一件衣服或者飾品，只有被特定時代、特定民族的人穿著，進入特定的文化結構和社會結構之中，才能獲得意義，從而具備了「所指」和「能指」的雙重內涵，擺脫了單純的「物」的存在，成為一個完整的文化符號。服飾審美文化不可能脫離特定的「民族文化結構」和「民族社會結構」而孤立存在，也不可能不受一定的「民族心理結構」和民族思維結構的影響而橫空出世，而先秦服飾審美文化因其特定的源頭位置，對於這種作用機制的反映與

〔註40〕陳炎主編《中國審美文化史》（四卷），山東畫報出版社2001年版，第3頁。

解釋則具有了發生學的意義，同時具有特定的價值。

　　陳炎先生在《儒家、道家與日神、酒神》一文中，就中國與西方的「民族心理結構」、「民族文化結構」和「民族社會結構」作了比較，他在文中提出：作爲古希臘社會的兩種宗教精神，日神與酒神的對立是人與自然、人與社會徹底分裂的產物。這種分裂使得西方人在「民族心理結構」中呈現爲感性衝動與理性衝動的對立格局，在「民族文化結構」中呈現爲體育與科學的對立格局，在「民族社會結構」中呈現爲自由與法律的對立格局，其中對立的雙方以相反相成的方式推動著西方文明的發展；而作爲古代中國社會的兩種早期思想，儒家與道家的互補則是人與自然、人與社會素樸協調的結果。這種協調使得中國人在「民族心理結構」中呈現爲感性衝動與理性衝動的相互制約，在「民族文化結構」中呈現爲藝術與工藝的相互滲透，在「民族社會結構」中呈現爲倫理與政策的相互補充，其中協調的雙方以相輔相成的方式維繫著中國文化的穩定。〔註41〕

　　先秦時期是中華民族文化意識形成的最初階段，尤其是春秋末年到戰國時代，更是被稱作中國思想史的「軸心時代」，〔註42〕這一階段也是中國古代服飾發展最爲重要的階段：商代及商代之前，可以算作服飾審美文化的濫觴時期，各種服飾觀念尙處於萌芽階段；到了西周，出現了較爲成熟的冕服制度，作爲禮樂制度的重要組成部分，冕服制度奠定了華夏中國「衣冠王國」、「禮儀之邦」的基調；而春秋戰國時期，則是中國古代服飾審美文化發展的最重要時期，後世關於服飾的各種審美理想及審美態度，乃至服飾之外的審美文化特點，都能在這個時期找到源頭，從這一角度說，對於先秦時期的服飾審美文化的研究，就具有了不同於其他時代服飾審美文化研究的意義。

（一）先秦服飾審美文化發展述略

　　先秦服飾審美文化的發展歷程，大致可分爲四個階段：在商代及商代之前，服飾追求的是「神人以和」的審美理想；在西周，服飾制度致力於維護尊卑有別而又能「人人以和」的社會秩序；春秋時代，儒家將「文質彬彬」作爲服飾的審美理想；戰國時期，「天人合一」的哲學觀使服飾也向著「天人相和」的理想努力。這四個階段的特點，並不是非此即彼的，後一歷史時期在產生新的服飾審美文化特點的同時，也還保留著前一歷史階段的服飾審美

〔註41〕參見《陳炎自選集》，廣西師範大學出版社2002年版，第91～125頁。
〔註42〕葛兆光《中國思想史》（第一卷），復旦大學出版社2001年版，第69頁。

文化特點。從遠古時代與夏商之際，服飾審美文化的發展，始終貫穿著一條線索，就是服飾如何參與處理人與自然、人與社會、人與人之間的關係，而這條線索，又集中體現爲服飾的「別」與「和」的社會功能。

遠古時代，剛脫離自然母體的人類，卻又出於對自然的眷戀以及由眷戀而產生的對氏族圖騰物的崇敬，試圖通過圖騰服飾作中介，保持與自然及氏族圖騰物的密切聯繫，以期達到與神靈溝通交流、與自然融爲一體的目的。此時，人與自然的關係、人與人之間的關係，都集中體現爲神與人的關係。「『神』是遠古先民對不可捉摸的自然與社會規律所作的一種神秘解釋，它兼有社會與自然的雙重屬性。」〔註43〕「神人以和」，是上古人類心目中神人關係的理想境界，也是圖騰服飾所要追求的審美理想。然而，當人類第一次穿戴圖騰服飾以期與自然融爲一體的時候，人類就立刻通過服飾而從大自然中眞正地分離出來了，服飾成爲人與非人重要的區別標誌，它使一個人在社會或者氏族當中獲得身份認同，予人以歸屬感，它標誌著一個社會人的完成。由此，遠古時期「神人以和」的服飾，不只反映出人與自然的關係，也體現了人與人之間的關係，相同的圖騰服飾形成了相對穩定和自覺的群體觀念，在同一氏族的不同成員之間，充分發揮了情感紐帶的作用。

夏商之際，人與自然、人與社會的關係，依然集中表現爲人與神的關係，而「神人以和」也依然是這兩種關係的理想境界。只是貧富分化加劇、階級出現之後，神權與政權合一，溝通天地、與神交通成爲以最高統治者爲核心的巫史集團的特權，於是，「神人以和」成爲「絕地天通」、「民神不雜」前提下的「神人以和」。「民神不雜」中的「民」，爲眾庶，爲小人，而「神人以和」中的「人」，則爲大人，爲君子。此時，原始社會的圖騰服飾，早已爲區別「民」與「人」的黼衣黻冠（相當於周代冕服）所代替。黼衣黻冠既是實現「神人以和」的重要媒介，又是「民神不雜」的分別界限。作爲統治者身份的標誌，冕服具備了「文」（服飾及與服飾相關的行爲）與「質」（身份和地位）簡單的二層結構，到西周統治者提出「以德配天」的口號之後，服飾之「質」，在社會身份和地位之外，又逐漸有了德行這一重含義。

從殷墟考古材料來看，殷商時代最鮮明的服飾特點，在於冕服上所繡繢的各種圖案。考古材料所揭示的殷商服飾上的紋飾，最突出的爲龍紋。龍紋爲現實世界中多種動物的重新組合，是幻想與寫實的交織，強調的不是對現

〔註43〕周來祥主編《中國美學主潮》，山東大學出版社1992年版，第15頁。

實生物的寫眞和摹擬，而是紋飾在觀念中的組合意義和象徵意義。龍紋所遵循的「和」文化追求下的重組變形原則，對後世圖案的產生具有重大影響。

　　一般認爲，西周禮樂制度大約從西周成王、周公的時代逐漸形成，而「周代禮制的核心，是確立血緣與等級之間的同一秩序，由這種同一秩序來建立社會的秩序。」〔註44〕在西周的宗法社會中，政治的不同等級，體現在服飾上爲吉服之五服的區分；而宗法血緣關係的不同等級，體現在服飾上爲喪服之五服的區分。吉服與凶服的五服制度，以中國古代宗法社會統治思想的骨幹——德與孝作爲深層的倫理基礎。吉服之五服，規範的是人的尊卑等級，標示的是不同級別的貴族與帝王之間等級距離的差距；凶服之五服，表現的是人的親疏遠近，標示的是不同的人與死者之間在宗法血緣關係上的距離。西周服飾制度的規定，調節的是人與人之間的關係，充分發揮了服飾昭名分、辨等威、分貴賤，別親疏的「別異」功能，試圖在「人人以別」、秩序井然的前提下，實現「人人以和」、「和而不同」的社會理想。西周冠服在「人人以別」的基礎上對於「和而不同」社會理想的追求，直接影響了後世儒家尊卑等級分明而又其樂融融的審美文化的構建。

　　春秋時代，「禮壞樂崩」，天命的神性權威在社會動亂中發生了動搖，以孔子爲代表的原始儒學試圖通過「以仁釋禮」來重建禮樂文化。與「以仁釋禮」的政治倫理思想相一致，孔子提出「盡善盡美」、「里仁爲美」的美學原則，而「文質彬彬，然後君子」則是「盡善盡美」、「里仁爲美」的美學原則在人格美中的具體落實和實現。如果將「盡善」看作是對「質」的要求，將「盡美」看作是對「文」的要求，那麼，就君子的個體修養來說，「文質彬彬」，然後才能「盡善盡美」。

　　在「盡善盡美」、「里仁爲美」的美學原則中，孔子用「仁」來定義「美」，並將「善」置於「美」之上，這必然導致「文質彬彬」的審美理想中對「質」的強調。服飾之「質」，應包括三方面內容：便身利事的功能性要求是服飾最基本的「質」；服飾所標誌的社會等級和服飾所象徵的人的道德品質屬於服飾的非功能性要求。孔子「文質彬彬」的服飾審美理想，也包括了對服飾便身利事的功能性要求，以及服飾與人的身份地位相稱的要求，但是「盡善」既然主要是對道德內容的要求，「文質彬彬」中的「質」，也就突出了服飾對於君子之「德」的彰顯。

〔註44〕葛兆光《中國思想史》（第一卷），復旦大學出版社 2001 年版，第 35 頁。

　　「德」的概念，最初與圖騰觀念有關，貧富分化、階級產生之後，又爲人王所獨享。商代，「德」成爲殷王溝通祖先神、至上神的一種特權，「徵之甲骨文用例，除主語不明者外，德皆爲殷王的行爲。」〔註 45〕當西周統治者用「以德配天」來解釋自己權力的合法性時，「德」又成爲周王「克配天命」的依據，「德」的含義發展爲以周王爲首的統治者的政行懿德，儘管「天命」使統治者的道德準則依然保持著一定的神性色彩，但是與遠古時代和商代相比，「德」的神性色彩開始減少，政治色彩逐漸突出。西周「以德配天」口號的提出，使人可以通過自己的德行對天命發生影響，在天命面前，人具有了一定的主觀能動性，爲春秋時期理性的覺醒準備了條件。在《論語》中，「德」由天子及王公侯伯專有之德，進一步擴大爲士或君子的道德修養、行爲規範，「德」的神性色彩幾近消失，政治色彩與權力色彩也相對減弱，與個人品行修養的聯繫進一步加強，從此，「德」逐漸發展成爲一個任何人通過修養都可以獲得的、與高尚品行有關的倫理概念。

　　孔子「文質彬彬，然後君子」的審美理想，與遠古及商代服飾強調神、人關係，追求「神人以和」的理想不同，在「文質彬彬」的審美理想中，「神」的因素消失了，「人」的理想在閃耀著理性的光芒；「文質彬彬」的審美理想，與西周冠服制度追求「人人以別」基礎上的「人人以和」的社會理想也不同，西周時期冠服制度從外部將人分爲尊卑貴賤、三六九等，使每人各安其分，使社會秩序井然，從而實現「和而不同」的政治理想；而孔子「文質彬彬」的服飾審美理想，考慮的則是什麼樣的個人，才能更好地融入社會，雖然目的還是爲了使個人完美地融入社會，處理的還是人與人、人與社會之間的關係，但是著眼點卻由人與人之間的外在關係，轉向了個人內在的品行修養，具體到服飾上，「文質彬彬」的審美理想，是將穿著服飾的人本身當作審美對象，而「文」與「質」，則成爲對這一審美對象結構的分析和描述。

　　孔子在服飾之「質」中對於道德因素格外強調，在中國古代「天人合一」宇宙觀和哲學觀的影響下，與中國傳統詩學中的「比興手法」結合，逐漸發展爲中國古代服飾審美文化中著名的「比德」傳統。在自然－人－社會三者的關係中，以《論語》爲代表的原始儒學，重點關注的是人與社會的關係，服飾作爲自我調整的重要方式，成爲調整人與人之間關係、調整人與社會之間關係的重要手段。在戰國時期逐漸成熟的「天人合一」宇宙觀，則通過關

〔註 45〕巴新生《試論先秦「德」的起源與流變》，《中國史研究》1997 年第 3 期。

注人與自然的關係，來關注人與社會的關係，服飾作爲自我調整的方式，又成爲調整人與自然關係，並在此基礎上調整人與社會關係的重要手段。

　　以陰陽辯證思維爲主要特徵的中國古代傳統思維模式重結構、重功能的素樸系統論傾向，與中國古代理性感性未經充分分裂從而統一發展的「民族心理結構」一起，促成了中國古代「天人合一」哲學觀和宇宙觀的產生。如果說春秋時期孔子的「以仁釋禮」是從人自身出發，爲外在的倫理綱常找到了一個以血緣親情爲出發點的內在的心理依據，那麼，戰國時期逐漸成熟起來的天、地、人同構共感的宇宙觀，則爲禮的合理性提供了一個以宇宙秩序爲藍本的終極依據。在「天人合一」的思想觀念中，天、地、人之間具有異質同構共感的關係，具體到服飾中，是服飾的形制、顏色、圖案等形式因素與天地之德和人倫道德也具有某種異質同構的關係，因此，天地之德與人倫道德都可以通過服飾的形式因素得以表現，這就是服飾的「比德」。服飾「比德」，採取的是《周易》「立象以盡意」的方法。〔註 46〕《周易》中「立象盡意」之「象」，主要指卦象。感性具體、形象可見的卦象，雖然還不能等同於審美對象，卻與服飾形象有相通之處，《周易》卦象所盡之「意」，主要是義理，而服飾之「象」所表達之「意」則主要爲道德。無論是《周易》之「立象以盡意」，還是服飾通過「象」來彰顯天地之德與人倫道德，所用的方法，又都近於《詩經》的「比興」手法。「比興」手法，在《周易》中具體表現爲引象比類、引類旁通的方法。《周易·繫辭下》曰：「古者包羲氏之王天下也，仰則觀象於天，俯則觀法於地，觀鳥獸之文，與地之宜，近取諸身，遠取諸物，於是始作八卦，以通神明之德，以類萬物之情。」「近取諸身，遠取諸物」的比類推理方法，在《周易》中表現爲卦象爻辭，在《詩經》中表現爲「比興」手法，在服飾上表現爲「比德」，三者取象雖然不同，但都試圖通過立象「以通神明之德，以類萬物之情」，都有「其稱名也小，其取類也大」的特點。劉勰《文心雕龍·比興》用與《周易·繫辭下》中相似的話來解釋「興」：「觀夫興之託諭，婉而成章，稱名也小，取類也大。」〔註 47〕

　　戰國時代，服飾「比德」審美文化特徵已相當成熟。服飾「比德」採用取象比類、引類旁通的「比興」方法，通過與人倫道德的異質同構來言志抒

〔註 46〕《周易·繫辭上》。

〔註 47〕〔南朝梁〕劉勰《文心雕龍》，范文瀾注本，人民文學出版社 1962 年版，第601 頁。

情，通過與天地之道的異質同構來溝通天人，從而使人與自然融合，與社會一體。通過服飾，人與社會的和諧跟人與自然的和諧達成了一致，而承載著「天地之德」與「人倫道德」的服飾，使天道與人道、自然與人為達到了和諧統一，成為「天人相和」的橋梁。

遠古時代，服飾充當的是神與人之間的中介，通過處理神人之間的關係，來關照人與自然以及人與社會之間的關係。跟圖騰有關的服飾，既將人與其他動物區別開來，又在對「神人以和」審美理想的追求過程中，將人與自然融為一體，使個體的人獲得群體認同感，增強同一部落群體人與人之間的凝聚力；貧富分化、階級出現之後，夏商之際，與神交通成為巫史階層的特權，作為「神」人中介，「事神致福」時所穿的黼衣幈冠，仍以「神人以和」為審美理想，但此時的「神人以和」，是「絕地天通」、「人」「民」分別、尊卑有序之後的「神人以和」，商代的黼衣幈冠既是實現「神人以和」的重要媒介，又是「民神不雜」的分別界限，繡繪有動物圖案的黼衣客觀上又成了貴族身份地位的象徵，將貴族與平民及奴隸、統治者與被統治者區別開來；西周禮樂制度的社會理想，是要在「禮別異」的基礎上，達到「禮之用，和為貴」的效果，作為禮樂制度的重要組成部分，服飾制度著力於對人進行外在的昭名分、辨等威、分貴賤，別親疏，以期在「人人以別」的基礎上實現「人人以和」、「和而不同」的社會理想；春秋時期，服飾的物態形式與人的道德聯繫逐漸緊密，《詩經》中可斷定為春秋時期的作品中，凡是提到服飾的，總是要求服飾、地位、德行三者相稱，春秋末期孔子「盡善盡美」、「文質彬彬」的審美理想中，將道德的「盡善」放到了形式的「盡美」之上，具體到服飾上，是突出了服飾之「質」中的道德因素，西周時期的服飾制度中，服飾是從外部對人進行尊卑貴賤、親疏遠近的區分，強調的是人與人之間的關係，而孔子「文質彬彬」的服飾理想，強調的則是服飾與人的地位、品行之間的關係，著重點由西周時期服飾強調人與人之間的外部關係，轉移到人本身外部表現與內在品行的關係，只是，「文質彬彬」解決的是什麼樣的人才能更好地融入社會這個問題，依然沒有離開服飾「別」與「和」的主題；戰國時期，隨著「天人合一」思想的發展，服飾「比德」的傾向更加突出，天人合一的哲學觀，既提出了服飾與自然、社會異質同構的要求，又為服飾達到這一要求提供了「比德」的方法，服飾通過「象法天地」以比「天地之德」，使人達到與自然的融和，同時服飾又通過「立象盡意」的「比興」手法來比「人倫

之德」，使人達到與社會的融和。由此可見，對於服飾，無論是「神人以和」還是「人人以和」，無論是「文質彬彬」還是「天人相和」，這些審美追求，處理的都是人與自然、人與社會、人與人之間的關係，而這一關係，又都集中體現爲服飾「別」與「和」的社會功能。

（二）先秦服飾審美文化的研究狀況

對於古代服飾文化的研究，首先離不開對古代服飾物態和服飾制度的專門考據。目前，學術界關於這一方面的學術成果已相當豐碩：沈從文的《中國古代服飾研究》，主要是結合文獻資料，對與中國古代服飾相關的出土文物進行比較探索與綜合分析；周汛、高春明的《中國歷代婦女妝飾》與《中國歷代服飾》則是在考古實物與文獻記載的基礎上，選擇歷代最有代表性的服飾，用以點帶面、點面結合的方式對中國古代服飾進行了史的描述，這兩大冊書中，收集了不少考古實物的圖片，以及二人根據服飾考證成果繪製的中國古代服飾彩圖；丁凌華在《中國喪服制度史》中，用相當大的篇幅，具體、細緻地考察了中國古代喪服服飾的形制、質料；黃能馥、陳娟娟編著的《中國服裝史》與《中國服飾史》則力求對中國古代服飾物態史和服飾制度史作出全面系統的描述，資料翔實，論述全面。此外，關於中國古代服飾物態史和服飾制度史的著作，如周錫保《中國古代服飾史》、陳茂同《中國歷代衣冠服飾制》、趙超《雲想衣裳 —— 中國服飾的考古文物研究》、華梅《中國服飾》等，都對中國古代服飾進行了史的研究和描述。不同時代對服飾所作的不同選擇，本身就是對不同時代的不同審美風貌的展現，因此，上述著作客觀上也成爲對不同時代的服飾審美風尚的描述。

對於中國古代服飾審美文化的考察，離不開諸子百家、前修先賢們對於服飾思想和理論的闡發。然而，與對中國古代服飾物態史和制度史的研究盛況相比，對於中國古代服飾美學思想的研究成果，就要少得多。1991 年苑濤、章亞昕的《中國服飾文化與角色心態》，是較早關注服飾美學思想的研究成果；1995 年章亞昕發表《敞開與遮蔽 —— 穿衣戴帽的學問》，〔註48〕分析了服飾使人「合群」、「隱形」的社會功能，並就儒家「文質彬彬」的遮蔽與道家「解衣盤礴」的敞開思想作了對比，爲總體把握中國古代服飾美學思想提供了一個重要思路；近年來對於中國古代服飾美學思想進行專門研究的，成績突出的是蔡子

〔註48〕《明道文藝》第 226 期（1995 年元月號）。

諤，他不僅發表有如《朱熹以理學爲精神內核的服飾美學思想》等專門著眼於服飾美學思想的單篇論文，〔註49〕更有 180 萬字的《中國服飾美學史》問世，其中全面論述了從先秦諸子一直到清代文學家曹雪芹的服飾美學思想，是迄今爲止關於服飾美學思想材料最豐富，論述最全面的論著。

伴隨著審美文化研究在當前美學界的興起，對於介於服飾物態史與服飾美學思想史之間的服飾審美文化的研究，也逐漸蓬勃發展起來。1999 年陳炎先生發表《不尙禮法尙風流 —— 初唐民俗與服飾中的美學傾向》，〔註50〕將初唐服飾放到初唐胡漢民族融合以及隨之而來的文化融合的背景下分析其審美特徵，不僅是對初唐服飾審美文化本身的研究，也對中國古代服飾審美文化的研究具有方法論上的啓發和指導意義。2000 年之後，服飾審美文化方面的單篇論文數目明顯增多，對於服飾審美文化的觀照角度也越來越豐富多彩，如屠恒賢《巫覡、禮樂文化與中國服飾文化的形成》考察了先秦服飾審美文化與巫覡文化及禮樂文化的關係；〔註51〕謝琴的《中國古代服飾審美特性讕論》則綜合論述了中國古代服飾的功能美、形體美與時尙美的特徵。〔註52〕近年來服飾審美文化方面的單篇論文數量很多，有一個共同的特點，就是不約而同地將服飾放到了一個廣闊的文化背景下進行考察、描述和分析。在服飾審美文化的相關著作方面，陳炎先生主編的四卷本《中國審美文化史》，將服飾審美文化作爲中國古代審美文化的一部分，考察了在中華民族特定時代的「生產方式」、「生活方式」、「信仰方式」和「思維方式」等多重因素的滲透和影響下的歷代服飾審美文化。湯獻斌的《立體與平面 —— 中西服飾文化比較》，爲服飾審美文化的研究提供了獨特的視角，令人耳目一新，他將中國傳統服飾歸結爲二維平面的藝術，而認爲西方傳統服飾則致力於三維空間的塑造；與此相應，中國傳統服飾發展了平面剪裁法，突出了衣帶的使用，而西方傳統服飾則發展了立體剪裁法，突出了鈕扣的使用。張法的《中國美學史》第一章在關於「文」的論述中，提出了文身、假面對冕服審美文化的影響，以及冕服審美文化對中國古代其他藝術門類的影響，雖然篇幅不大，但是見解獨到，發人深省。

〔註49〕《河北師範大學學報》2002 年第 2 期。
〔註50〕《淄博學院學報》1999 年第 2 期。
〔註51〕《東華大學學報》第 3 卷第 3 期。
〔註52〕《江西社會科學》2003 年 12 期。

　　在考察服飾審美文化時，西方的一些論著，可以在研究視角及研究方法上為我們提供啓發和借鑒。在關於服裝的專門論述中，美國珍妮弗・克雷克的《時裝的面貌——時裝的文化研究》考察了服裝與身體、服裝與自我、服裝與消費的關係；英國喬安妮・恩特維斯特爾的《時髦的身體——時尚、衣著和現代社會理論》從生產與消費雙向聯繫的角度分析了衣著與性別、衣著與身份、衣著與社會之間的各種關係；美國安妮・霍蘭德的《性別與服飾——現代服裝的演變》在考察了兩性服裝的差異及相互關係之後，分析、論述了服裝的演變軌跡。此外，羅蘭・巴特的《流行體系——符號學與服飾符碼》試圖用結構主義的符號學原理來分析時裝符號系統，雖然這種「準語言學主義」文化符號學研究最終也沒能實現對「文化世界」意指規則的系統化建構，而且羅蘭・巴特的這種認為世界結構體現了語言結構，並企圖將社會文化複雜現象套入語言學的結構法則中去的做法，被批評為教條主義和獨斷論，但是它畢竟開啓了一個服飾文化的符號學分析的新視野。事實上，以 20 世紀語言哲學為基礎的結構主義符號學的理論，雖然忽視了各種文化形式自身的特點，忽略了藝術的獨特性，有使主體陷入「語言的囚籠」之譏，因此不適合分析服飾的獨特性、創造性和藝術性，但是，在本書第三章可以看到，當考察中國古代昭名分、別貴賤的服飾符號系統時，這種語言學的對位分析方法，在一定程度上還是適用的。

　　就上世紀後半期的研究狀況來看，學術界對於中國古代服飾物態史的考察和考據成果相當豐富。就專著來說，除了上文提到的，還有趙嵐的《中國先秦服飾藝術》、戴欽祥的《中國古代服飾》、沙嘉孫的《中國古代服飾》、李芽的《中國歷代妝飾》等，洋洋大觀，不可備舉。就論文來說，在斷代論述中，對於先秦服飾的研究和考察，李之檀《中國服飾文化參考文獻目錄》中，共列出 1995 年之前的相關中外論文 257 篇；在專題論述中，《中國服飾文化參考文獻目錄》關於紋身、髮式、冠帽、佩飾、化妝、腰帶的中外論文，共列出了 448 篇專題論文，關於衣袍鞋履的專題論文則列出了 324 篇。〔註 53〕以上研究成果中，很多不僅考察了先秦服飾究竟是怎樣的，還將服飾與社會背景和文化背景聯繫起來，不同程度地考察了先秦服飾為什麼會這樣。此外，華梅的《服飾與中國文化》、戴平的《中國民族服飾文化研究》等著作，給古代服飾研究開啓了廣闊的文化視野。與先秦服飾物態史研究的累累碩果比起

〔註 53〕李之檀編《中國服飾文化參考文獻目錄》，中國紡織出版社 2001 年版，第321～337 頁。

來，目前對於古代服飾美學、古代服飾審美文化的研究則要薄弱得多，除了蔡子諤的專著《中國服飾美學史》外，這方面的研究成果多以單篇論文或者專著中某一章節的形式出現。除了成果較少，在對服飾審美文化的具體研究中，還存在著理論方法和研究角度較爲單一的問題，尤其是缺乏系統的研究方法和大膽的理論嘗試。儘管包括蘇珊・朗格的藝術符號學理論、列維・斯特勞斯和羅蘭・巴特的結構主義符號學理論以及莫里斯的一般符號學理論在內的西方符號學理論各有局限性，在分析中國古代服飾審美文化時也不可避免地會遭遇掣肘，但是作爲一種新的理論工具，也還值得冒險一試。作爲人類的一項重要文化成果，中國古代服飾既通過昭名分、辨等威的社會功能來調節人與人、人與社會之間的關係，同時，也是人類情感的一種藝術表達方式，目前的研究中，對於前者的關注較多，對於後者則鮮有論及。如果將古代服飾置於蘇珊・朗格的藝術符號學理論視野中，把服飾作爲人類情感的一種表達方式，「從語言或符號的角度去探討，有兩條線索是必須沿用的，即對位於事物的常態語言符號和情感的、非對位性的藝術符號的應用」，〔註54〕而這兩條研究線索，目前都還有待於進一步考察和探索。

（三）先秦服飾審美文化與當代服飾意識的聯接

在服飾等工藝製作經過了近代工業文明帶來的功能性轉向之後，爲了改變服飾等工藝製品在工具理性和經濟效益引導下的趨同性發展，人們又開始重新思考：在經濟全球化、文明一體化、文化多元化的背景下，包括服飾在內的工藝製品如何走一條民族化的設計和製作路線。2001 年 10 月 21 日，第九屆亞太經合組織（APEC）非正式首腦會議在上海科技館舉行，與會的各國領導人身著精心設計的、富有濃厚中國民族特色的中式對襟「唐裝」集體亮相。應該說，這次帶有官方性質的對民族服飾的提倡和發揚，總體上是成功的。據同年 10 月 24 日《北京青年報》消息，APEC 領導人齊齊穿上中式服裝，對中式服裝的再度流行，起到了巨大的推動作用，記者在北京大新紡織東四店看到，出售團花織錦緞面料的櫃檯前不斷有人前來詢問，該店定製中式服裝的坐堂師傅已經「有點忙不過來」，該店經理則介紹說織錦緞的銷售額已有大幅增長。另一方面，上海 APEC 會議爲各國領導人準備主辦國民族服裝的模式，也爲其他國家所借鑒，如 2005 年 11 月 19 日，亞太經合組織第十三次

〔註54〕章亞昕《中國服飾文化與角色心態》，未定稿。

領導人非正式會議在韓國釜山舉行，當日下午，與會的各國領導人穿上了具有韓國民族特色的服裝「圖魯馬吉」集體合影留念。

中式對襟「唐裝」由清代對襟馬褂改造而成。清代馬褂因起源於騎馬短衣而得名，為清代男子的主要服裝之一，一般分對襟、大襟、琵琶襟三種，民國初年對襟馬褂又被定為男子禮服。馬褂為了適應騎馬射箭的需要，本來就比較合體，便於運動，富於機能性，「唐裝」在此基礎上，廢棄了傳統馬褂衣身與袖連裁所形成的直袖，採用了類似西服的「裝袖」，從而更加貼身適體，挺括精神，成功地體現了昂仰向上的時代精神，因此，「唐裝」應該算是一個比較成功的服飾民族化設計的案例。2001 年上海 APEC 會議中式對襟「唐裝」亮相後，中國紅一時成為流行色，而中式「唐裝」也一度在春節期間熱銷，儘管大多數人都只是為了營造節日氣氛而把它當作在春節期間專門的節日服裝，但民族服裝終於不再僅僅出現在馬戲表演的舞臺上和餐飲行業的服務人員身上了。

然而，由馬褂改造而成的「唐裝」，其富於機能性的直線美，與傳統「漢服」褒衣博袖、峨冠大帶所呈現出的飄逸靈動的流線美迥異其趣，因此「唐裝」體現的只是中華服飾民族特色的某一方面，並不能完全代表中華民族服飾風格。於是，在民間，又另有一批熱衷於「漢服」之流線美的年輕人，致力於「漢服」的復興與推廣工作，他們最重要的宣傳陣地為漢網、華夏論壇等網站，很多網友，如鄭州的王樂天、北京的紫姬、濟南的吳飛等人，都是「漢服」的熱心推廣者，也都在不同場合穿著自己製作的漢服。據說王樂天除了熱心向人們演說「漢服」文化，他本人還擁有從禮服到常服在內的 10 套「漢服」，而且，只在上班時穿著規定的工作服，連在上下班的途中都要換上「漢服」，目的是為了讓「漢服」混個臉熟。然而，這些年輕人推廣「漢服」的熱情雖然相當高，但是他們要回到前現代之民族風格的歷史性努力，卻畢竟帶著些許「知其不可為而為之」的色彩。現實情況是，目前的「漢服」，終究沒有得到太多人的認可，僅僅局限在一個由個別網友組成的極小的圈子內。志在將「漢服」普及到日常生活當中、被稱作「漢服」精神領袖的李敏輝，面對《中國新聞周刊》記者，謹慎地提出了自己的期望，他說，「希望先作為一些重大慶典、儀式、節日上的著裝」。〔註55〕畢竟，漢民族傳統服飾中的寬袍大袖，已很難適應現代社會的快節奏生活，而作為傳統冠服制度精神

〔註 55〕《中國新聞周刊》，2005 年 9 月 5 日第 48 頁。

內核的「宗法文化」，也早已解體，眞正在生活中復原並推廣產生於宗法文化背景下的冠服，是沒有絲毫現實基礎的「空中樓閣」式的幻想。

在經濟全球化、信息一體化的現代社會裏，任何企圖固守傳統理念與民族特徵的服飾設計製作的努力都將是徒勞的。然而，如果我們不是將這種努力視爲一種宗教或倫理精神的簡單復活，而只是當作服飾設計及製作技巧上的美學策略，一種用古典的民族的服飾語言來解構千篇一律的功能性服飾的具體實踐，其結果就應另當別論了。在這種情況下，我們需要考慮的，似乎應該是：服飾藝術在從宗法血緣的籠罩下抽身出來後，如何在自覺實現主體性的回歸、眞正實現「人性化」的前提下，對華夏民族服飾中的精華要素和優秀傳統眞正實現「古爲今用」。如何在服飾文化中實現傳統文化的現代化轉化，這不僅需要知道傳統服飾文化是什麼樣子的，還需要進一步知道爲什麼會是這個樣子，這樣才能防止出現生搬硬套的現象，在此意義上，「知」對「行」有著重要的指導意義，於是，對於久遠時代服飾審美文化的探索，也就不再單純是務虛了。

第一章　遠古：溝通神人的圖騰服飾

　　當人類有了足夠的生產能力和技術水平，服飾製造工藝發展到一定程度時，人類服飾就不再僅限於遮體蔽寒的功利目的，而是開始承載各種各樣精神上的追求。於是，作為人與非人的區別標誌，服飾既是「形而下者謂之器」的「器」，同時又成為「形而上者謂之道」的「道」的物化形態。德國符號論美學家卡西爾認為，人類與動物的不同之處，在於人能夠利用符號來創造文化，在此意義上，人是一種「符號的動物」，符號系統產生之後，「人不再生活在一個單純的物理宇宙之中，而是生活在一個符號宇宙之中」。[註1] 而服飾，就是人類用以創造文化、認識自我、把握和確認自己在自然與社會中位置的最早的符號系統之一。人們主觀地賦予服飾許多社會性、哲理性和人格性，從服飾的形式語言到服飾所營造的空間氛圍，無不浸透著這種被賦予的文化魅力。於是，不同時代、不同民族對待自然、社會、人三者之間關係的不同看法，就成為影響服飾文化樣式形成的重要因素。

　　遠古時代，人與自然的關係、人與人之間的關係，都集中體現為神與人的關係。「『神』是遠古先民對不可捉摸的自然與社會規律所作的一種神秘解釋，它兼有社會與自然的雙重屬性。」[註2] 「神人以和」，是上古人類心目中神人關係的理想狀態，而服飾則成為神人關係的重要媒介。

〔註 1〕〔德〕恩斯特·卡西爾《人論》，甘陽譯，上海譯文出版社 2004 版，第 35 頁。
〔註 2〕周來祥主編《中國美學主潮》，山東大學出版社 1992 年版，第 15 頁。

一、「神人以和」的審美理想

剛脫離自然母體的早期人類，在精神上依然留有「自然崇拜」這條尚未被剪斷的原始臍帶，以期與自然保持最密切的聯繫。這種「自然崇拜」的典型表現即是「圖騰崇拜」。上古人類認為，自己來源於大自然中人之外的某種動物、植物、無機物甚至氣象現象。在上古神話傳說中，許多英雄人物，都是人與動物的渾然一體，如「神農氏，姜姓也。母曰任姒……遊華陽，有神龍首，感生炎帝。人身牛首，長於姜水」；〔註3〕「堯母慶都與赤龍合昏，生伊耆，堯也」；〔註4〕「殷契，母曰簡狄……見玄鳥墮其卵，簡狄取吞之，因孕，生契」等。〔註5〕《說文解字》「閩」字條下說：「閩，東南越，蛇種。」所謂「蛇種」，應指閩越人以蛇為先祖，反映的是他們對蛇的圖騰崇拜。上古各氏族始祖的感生神話，在對本氏族的來歷作出解釋的同時，又把某種特定的生物或非生物確定為本氏族的圖騰。上古人類相信自己所屬的氏族，與來自於大自然的某一圖騰物有密切的血緣關係，並試圖通過與特定圖騰物的血緣關係，來維持與被視為「神靈」的大自然的密切聯繫。在與強大的大自然融為一體的過程中，弱小的人類獲得了某種心靈的力量。

某種生物或非生物在被當作圖騰物並神聖化之後，就具有了能溝通神人的神奇力量。上古時期的人類，通過對某一圖騰物加以崇敬，以圖騰物為媒介，來達到與神靈的溝通和交流，實現「神人以和」的理想境界，從而獲得神的福祐。《尚書‧虞書‧舜典》中說：「帝曰：『夔！命汝典樂，教胄子，直而溫，寬而栗，剛而無虐，簡而無傲。詩言志，歌永言，聲依永，律和聲。八音克諧，無相奪倫，神人以和。』夔曰：『於！予擊石拊石，百獸率舞。』」「八音克諧，無相奪倫」，這是上古時期對音樂的具體要求，而這一具體要求的最終目的，乃是為了達到「神人以和」的理想狀態。對於《尚書‧虞書‧舜典》所提到的「百獸率舞」，學者們有多種解釋，歸納起來大致有兩大類：傳統的觀點認為，夔擊拊石磬，音聲和諧，百獸被感化，相率起舞，這便是達到了神人咸和的境界；另一類觀點認為，「百獸」是戴著動物面具的人，在和著音樂起舞的過程中，實現神與人的交流，達到神人以和的境界。無論

〔註3〕 〔唐〕張守節《史記正義》，〔漢〕司馬遷《史記》，中華書局1962年版，第4頁。

〔註4〕 《竹書紀年》（卷上），《文淵閣四庫全書》本。

〔註5〕 〔漢〕司馬遷《史記‧殷本紀》。

「百獸」是眞實的野生動物，還是戴著動物面具的人，兩種解釋都看到了在原始巫舞中，「百獸」作爲神人交通的媒介，在進入「神人以和」理想境界中的重要作用。

音樂、舞蹈、美術等藝術，在史前都曾被用作巫術的載體或手段，以其最初的審美魅力，實現巫術的實用目的，它們都是上古人類實現「神人以和」理想，獲得福祐的手段。與原始音樂、舞蹈的巫術功能相似，遠古時期的服飾，作爲人類形體在空間上的延伸，也被用來作爲原始巫術的重要載體或者手段，正如赫爾曼·施賴貝爾在《羞恥心的文化史》中所說的，「衣服恐怕是人類得到的最神祕的賜物」，「有文化的人類評價裸體的妖術，而初期的人類卻認爲妖術的力量正在衣服中」。〔註6〕

原始服飾要能夠溝通「神」人，同樣也要通過被神聖化了的圖騰物這個媒介。人們通過佩帶圖騰物，或者利用服飾對人的自然身體進行重新改造以模仿圖騰物，以期進入「神人以和」的狀態，實現與神交流、獲得福祐的目的。遠古人類何以要通過穿戴與圖騰物相關的服飾，來達到與神靈溝通交流，從而獲得福祐的目的？或者說，爲何遠古時期人類可以通過圖騰服飾來實現「神人以和」的理想？儘管我們對法國人類學家列維·布留爾的「原始思維」、「原邏輯的思維」的提法不能完全接受，但是列維·布留爾所提出的「互滲律」倒可以用來對這一問題加以說明。列維·布留爾在《原始思維》一書中認爲，在原始人看來，世界上的一切都是相互聯繫、相互滲透的。在人與自然分離之後，人看到自己力量的弱小，於是通過圖騰觀念讓自己歸屬於一個強有力的圖騰，通過穿戴圖騰服飾或者把自己打扮成圖騰的樣子，使自己成爲圖騰的一部分，來達到與圖騰的互滲，讓圖騰的神力附著到人身上，從而使人獲得信心和力量。〔註7〕

「神人以和」，既是原始巫術爲了求取神靈福祐所要達到的理想境界，也是包括原始服飾在內的原始藝術所要達到的最高審美理想。神人以和的前提是神人共悅，即所謂「君欣欣兮樂康」。〔註8〕神人共悅，則需要通過音樂、舞蹈、以及服飾打扮這些美的形式來獲得。因此，圖騰服飾既包含著原始神

〔註6〕 〔德〕赫爾曼·施賴貝爾《羞恥心的文化史——從纏腰布到比基尼》，辛進譯，三聯書店1988年版，第3頁、11頁。

〔註7〕 參見〔法〕列維·布留爾《原始思維》，丁由譯，商務印書館1995年版，第70～71頁，91～98頁。

〔註8〕 《楚辭·九歌·東皇太一》。

秘的巫術意義，又必須是能使神人共悅的美的形式。蕭兵先生提出，「羊人為美」，「美」在甲骨文、篆文中的字形，即是一個正面而立的、戴羊冠正進行原始儀式的祭司形象。〔註9〕也就是說，原始巫舞中，戴羊形冠成羊頭裝飾的大人即是美的代表，這一觀點如今已被廣為接受。《說文解字》解釋「美」字時又說，「美與善同意」，「美」字與「善」字所同之「意」，應指字形之意，而善則是一種功利性目的的達成與實現。由此，原始巫舞的理想在於「神人以和」，而原始巫舞中戴羊形冠以表達圖騰崇拜的「大人」形象，則集美、善於一身，既是原始美的最初表現，又是原始善的最早達成。

服飾的產生，應該跟人類與自然母體的分離同步。人類在剛從自然母體中分離出來時，出於對自然的眷戀以及由眷戀而產生的對氏族圖騰物的崇敬，戀戀不捨地試圖通過圖騰服飾作中介，保持與自然及氏族圖騰物的密切聯繫，以期達到與神靈溝通交流、與自然融為一體的目的。然而人類要與自然融為一體，本身就意味著人類已不再是自然的未經分離的一部分。於是，悖論出現了，當人類第一次穿戴圖騰服飾以期獲得圖騰物所代表的大自然的認同的時候，人類就立刻通過製造並穿戴服飾，必然地成為人類，從而不可避免地將自己從大自然中真正地分離出來了。勞動創造了人。服飾由人所製造，也由人來穿戴。穿戴著服飾的身體，便不再是原來的自然身軀，而成為一個社會的人，服飾成為人與非人重要的區別標誌，它使一個人在社會或者氏族當中獲得身份認同，予人以歸屬感，它標誌著一個社會人的完成。

對於「美」字的字源學解釋，除了上文提到的「羊人為美」，還另有一種看法，認為是「羊大則美」，這種看法以《說文解字》「從羊從大，羊大為美」的解釋為根據。「羊大為美」，一方面是將「美」與人的感性享受（吃）聯繫起來，另一方面與古人的祭祀儀式有關，《太平御覽》卷二零八引《符子》曰：「欲具少牢之珍而與羊謀其羞」，古代祭祀燕享，單用羊和豬，不用牛，稱為少牢，可見在祭祀儀式中，羊常被作為祭品，奉獻給神靈。「羊人為美」與「羊大為美」，前者與「衣」之美有關，後者則與「食」之味有關，二者又都跟原始禮儀活動有關，都具有某種社會含義在內。將「羊人為美」跟「羊大為美」

〔註9〕蕭兵《楚辭審美觀瑣記》，《美學》第3期，上海文藝出版社1981年版，第225頁；蕭兵《從「羊人為美」到「羊大則美」》，《北方論叢》1980年第2期。

二者統一起來，可以看出：「一方面，『美』是物質的感性存在，與人的感性需要、享受、感官直接相關；另方面『美』又有社會的意義和內容，與人的群體和理性相連。」〔註10〕作為溝通神人的手段，「羊人為美」的圖騰服飾，要以圖騰動物為媒介，達到「神人以和」的理想境界。在這個過程中，「神人以和」，實際上包含了兩個層面的內容：第一個層面是作為自然代表和主宰的神與人之間的交流，人通過與神「和」，達到與自然相和諧，這關乎人與自然的關係；第二個層面是人與人之間的凝聚，每個氏族成員通過與部落或氏族共同的神「和」，而實現與他人的和諧，這關乎人與社會的關係。

二、考古材料中的圖騰服飾

中國服飾審美文化，肇始於近 2 萬年前舊石器時代的山頂洞人時期。在北京周口店的考古發現中，包含有與服飾關係密切的磨製的骨針和 141 件裝飾品。裝飾品中，有鑽孔的白色小石珠、鑽孔的青魚眼上骨和刻紋的鳥骨管等，其中，有 25 件被用赤鐵礦粉染成了紅色（是目前所知最早的礦物著色工藝染製品），據推測，「這些五顏六色打孔小對象，是用皮條穿成串佩於衣服，或者繫在頸項、手臂之上以為裝飾的」。即使有這些考古資料，舊石器時代的人物形象以及服飾情況也已很難考察，最早的只有新石器時代的人物形象，可以在陶器彩繪及雕塑人物形象以及玉器人形刻紋中窺知一二。考古資料表明，新石器時代人類服飾達成「神人以和」的手段，主要有動物假面、紋面、動物頭飾、尾飾等幾種途徑。

西安半坡以及臨潼姜寨出土的彩陶缽，屬於新石器時代仰韶文化半坡類型時期的遺物。陶缽上飾有人面魚紋彩繪，魚紋旁邊繪有圓形人面紋，人面的口邊、耳邊都對稱飾兩魚或者魚尾紋，頭頂則繪作魚尾形尖帽（參見附圖二）。沈從文認為彩繪中的「網紋」，不像是單純的魚網，而是一種巫具或是與巫具組合在一起的形象，網紋的骨架即以後甲骨文中定型的「巫」字，因此這種網紋與人面紋組合在一起，「體現著巫、祝的意義」，而「人面紋的原本樣子，還可能是巫者應時作戲的假面」。〔註11〕

青海大通縣上孫家寨出土的彩陶盆，屬於新石器時代馬家窯文化馬家窯

〔註10〕李澤厚《美學四講》，天津社會科學院出版社 2001 年版，第 63 頁。
〔註11〕沈從文編著《中國古代服飾研究》，上海書店出版社 2002 版，第 4 頁、第 7 頁。

類型時期的遺物（參見附圖四）。彩陶盆內壁畫有三組舞人，每組五人，每人腰下均繫有尾飾。通過尾飾來模擬獸類，最初可能是出於狩獵的實際需要：在人類發明弓箭之前，需要披皮飾尾，偽裝成動物以混跡於獸群中，才能有效地捕獲動物。〔註12〕同時，佩戴尾飾也出於對某種獸類的圖騰崇拜，希望能得到圖騰的祐護，不被獸類傷害。原始巫舞的作用，既在於媚神，又在於悅人，王國維說：「古代之巫，實以歌舞為職，以樂神人者也。」〔註13〕相同的尾飾，共同的巫舞，「把各個本來分散的個體的感性存在和感性活動，有意識地緊密地連成一片，融為一體，它喚起、培育、訓練了集體性、秩序性在行為中和觀念中的建立，同時這也就是對個體性的情感、觀念等等的規範化。」〔註14〕在原始巫舞中，把參加儀式的不同個人緊密地結合成一個整體，從而帶給人以歸屬感；舞人通過佩繫尾飾來模擬某種獸類，以獲得部落或者氏族守護神的認同，從而帶給人以安全感。人的本能情感得到抒發和滿足，而觀念中的神也因受到崇奉而歡喜，人神共悅，即是所謂的「神人以和」。

尾飾的文字記載，最早見於《山海經》：「西海之南，流水之濱……有神人面虎身，有文，有尾，皆白，處之。有人戴勝，虎齒，有豹尾，穴處，名曰西王母。」《山海經》是我國記載古代神話資料最多的一部地理書，其中所記人面虎身的「神」和戴勝齒豹尾的「西王母」，應該都是模仿圖騰動物的巫師或者部落首領的形象。「人面虎身，有文有尾」，實際上是對紋身和尾飾的描寫。西王母頭戴羽冠，嘴裏飾有虎齒，身後繫有豹尾，模仿的就是威風凜凜的獸類。直到今天，我國雲南一些少數民族的服飾中，仍保留有被稱作臀飾的尾飾。如大理一代的白族婦女，「製作上衣時，一般後幅長於前襟，這一段後幅布料，白語稱『衣五東』，即『衣尾巴』；而白族支系那馬人婦人所穿的上衣，也有被叫做「因美桂支」的「衣尾」，這種尾飾「長三尺，布兩頭剪口處不縫邊，也不修飾，使用時腰帶紮緊固定，下垂於臀部表面，約齊到脛位」；哈尼族少女則要在成年之後，「穿緊臀寬邊靛染土布長褲，她們的臀部，都極明顯地垂著兩個箭頭形的『批甲』尾飾。不戴『批甲』會被人認為是個不懂規矩的姑娘，婚後，更是非帶不可」。〔註15〕

〔註12〕 參見沈從文編著《中國古代服飾研究》，上海書店出版社2002版，第11頁。

〔註13〕 王國維《宋元戲曲史》，東方出版中心1996版，第1頁。

〔註14〕 李澤厚《華夏美學》，《李澤厚十年集》第1卷，安徽文藝出版社1994年，第218頁。

〔註15〕 楊鵑國《符號與象徵——中國少數民族服飾文化》，北京出版社2000年版，

　　《山海經》所記西王母「虎齒」形象，商代墓葬中出土的人形玉飾，依然有所表現。〔註16〕

　　西安半坡和臨潼姜寨出土的彩陶缽上的人面魚紋彩繪，人面上有左右對稱的紋面，與口邊及耳邊所飾的魚紋渾然一體。甘肅廣河出土的馬家窰文化半山類型的彩陶人形器蓋、甘肅樂都柳灣出土的馬廠型人頭彩陶罐，面部都有「不同方向的規則花紋，應是紋面的具體寫照」。〔註17〕紋面的效果，是把臉面做得像動物的臉面。最突出的是甘肅寧定出土的彩陶人形器蓋（參見附圖三），紋飾過的面部，就像一種大型貓科動物的臉部，紋飾對稱，嚴肅，充滿神秘色彩。

　　關於紋身，古代典籍中多有記載，從中可以推知遠古人類源於圖騰崇拜的紋身狀況。如《山海經・大荒西經》中所記載的「人面虎身，有文有尾，皆白」。《禮記・王制》：「東方曰夷，被髮文身，有不火食者矣。」《淮南子・原道訓》：「九嶷之南，陸事寡而水事眾，於是民人劗髮文身，以象鱗蟲。」高誘注曰：「文身，刻畫其體，內墨其中，爲蛟龍之狀。以入水，蛟龍不害也，故曰以象鱗蟲也。」《漢書・嚴助傳》說：「（閩）越，方外之地，劗髮紋身之民也。」《說苑・奉使》中說，越人「劗髮紋身，燦爛成章，以象龍子者，將避水神」。斷髮紋身，有一定的實用目的，斷髮可避免纏掛之苦，便於在水中活動，五彩斑斕的紋身則成爲一種保護色。但斷髮紋身的最重要的目的，還是「以象龍子」，統一的紋身，共有的圖騰，既使同族的人緊密地團結在一起，達到人與人之間的「和」，又得到本部族圖騰保護神的護祐，達到神與人之間的「和」。神人以和，個體的人便有了歸屬感和安全感，原本脆弱的人在精神上就變得強大起來。

　　甘肅廣河出土的彩陶人形的頭頂正中，往腦後臥著一條長蛇作爲裝飾，蛇的尾部蜿蜒下垂，直到肩部，〔註18〕此人形器蓋的衣服上也畫有 S 形蛇蚊，被認爲是蛇圖騰或者龍圖騰崇拜的反應，與「龍的傳人」有關，〔註19〕而此

第 24～25 頁。

〔註16〕 參見沈從文編著《中國古代服飾研究》，上海書店出版社 2002 年版，39 頁插圖四。

〔註17〕 沈從文編著《中國古代服飾研究》，上海書店出版社 2002 年版，第 7 頁。

〔註18〕 參見沈從文編著《中國古代服飾研究》，上海書店出版社 2002 年版，第 7～8 頁。

〔註19〕 參見周錫保編著《中國古代服飾史》，中國戲劇出版社 1984 版，第 33 頁；黃

人形器蓋上畫有 S 形蛇蚊的衣服，也被認為是最早的龍袍。以蛇為裝飾，《山海經》中屢有記載。如《大荒東經》：「東海之渚中，有神，人面鳥身，珥兩黃蛇，踐兩黃蛇。」《大荒南經》：「南海渚中，有神，人面，珥兩青蛇，踐兩赤蛇，曰不廷胡余。」《大荒西經》：「西海陼中，有神，人面鳥身，珥兩青蛇，踐兩赤蛇，名曰弇茲。」《大荒北經》：「北海之渚中，有神，人面鳥身，珥兩青蛇，踐兩赤蛇，名曰禺強。」「大荒之中，有山名曰成都載天。有人珥兩黃蛇，把兩黃蛇，名曰夸父。」關於「珥蛇」，《大荒東經》「珥兩黃蛇」下郭璞注：「以蛇貫耳。」可見是以蛇作為耳飾，而珥蛇之神，則很可能便是正舉行巫術儀式的巫師形象。[註20]

三、均衡與動感：圖騰服飾的審美特徵

　　神人親和，而非神人對立，是上古人神關係的重要特徵，這裡的神，沒有宙斯式的乖戾暴烈，也沒有普羅米修斯式的堅決反抗。神人以和，表達的是人與自然、與社會的和諧關係，這種關係反應到藝術當中，則是藝術中各元素的協調有序、相互配合。西安半坡和臨潼姜寨彩陶缽上的人面魚紋彩繪，耳的兩邊與口的兩邊對稱所飾之魚，與頭頂的魚尾形尖帽一起，在均衡、對稱、穩定之美中，呈現出一種與原始巫術儀式相協調的嚴肅、肅穆的氣象。甘肅廣河出土的彩陶人形器蓋的紋面，模仿某種動物的臉面，也講究左右對稱，注重面部的整體均衡，嚴肅中又有幾分稚拙可愛。出於巫術的功利性目的，上古圖騰服飾在對稱之中，流露出嚴肅神秘的氣息，然而這種嚴肅神秘卻絕不令人感到恐怖壓迫，反倒呈現出安詳、安靜的態度，就連甘肅廣河彩陶人形器蓋腦後自頭頂蜿蜒至肩的長蛇，雖然十分神秘，卻沒有絲毫獰厲詭異的色彩。

　　在巫術交感心理的基礎上提出來的「神人以和」的理想，融巫術追求（「善」）和審美追求（「美」）為一體。隨著歷史的發展，當功利性的巫術追求逐漸被人所遺忘時，上古服飾中純粹的審美因素逐漸凸顯出來，並作為傳統的一部分，對後世服飾裝扮產生一定的影響。

　　當尾飾在原始巫舞中所蘊涵的圖騰意義消失之後，卻由於它在舞蹈的旋

　　　　能馥、陳娟娟《中國服裝史》，中國旅遊出版社 1995 年版，第 8 頁。
　[註20]《山海經》，四部叢刊本，第二冊，第 69 頁、75 頁、80 頁、81 頁。

轉騰挪中所產生的飛舞靈動的動態美感，在後世服裝中屢屢出現。司馬相如《子虛賦》中描述說：「於是鄭女曼姬……蜚襳垂髾。」《漢書》顏師古注：「襳，袿衣之長帶也；髾，謂燕尾之屬，皆衣上假飾也。」《文選》李善注引司馬彪曰：「髾，燕尾也。」而傅毅《舞賦》中則有「於是鄭女出進……華袿飛髾而雜襳羅，顧形影，自整裝，順微風，揮若芳」的描寫。飛髾即是燕尾，而此時的燕尾，已完全失去了「天命玄鳥，降而生商」的圖騰意義，成為純粹意義的「衣上假飾」。

到了魏晉，飛髾則從舞蹈服裝的部件，變成了日常服裝中的裝飾元素。魏晉時代，女子在傳統的深衣下擺部位，加上襳髾。此時的飛髾，與僅僅限於身後的尾飾已有了很大的距離，變成了衣服下擺施加的相連接的三角形裝飾。魏晉時女子又在深衣的腰部加上圍裳，從圍裳伸出的長長的飄帶，叫作「襳」。〔註21〕襳髾由輕柔薄軟的羅綺製成，從身後發展到環繞腰部，走路時翩翩拂動，以產生飄然欲仙的動態效果。

又如紋身，當其圖騰崇拜的神性消失之後，又作為男性粗獷和力量之美的象徵，而為後世人們所鍾愛。最突出的是《水滸》裏通過對眾多英雄花繡紋身的描寫所呈現出的雄強、奇詭之美：九紋龍史進是「刺著一身青龍」，第二回裏史太公向王進介紹史進說，「又請高手匠人與他刺了這身花繡，肩臂胸膛總有九條龍，滿縣人口順，都叫他做九紋龍史進」；《水滸》第十五回寫短命二郎阮小五，是「披著一領舊布衫，露出胸前刺著的青鬱鬱一個豹子來」；第二十七回寫魯智深「因他脊梁上有花繡，江湖上都呼他做花和尚魯智深」；第四十四回寫病關索楊雄，是「那人生得好表人物，露出藍靛般一身花繡」；第四十九回寫雙尾蠍解寶，是「面圓身黑，兩隻腿上刺著兩個飛天夜叉」；第七十回介紹花項虎龔旺，是「渾身上刺著虎斑，脖項上吞著虎頭」；第七十四回寫浪子燕青「中有一人名燕青，花繡遍身光閃爍。鳳凰踏碎玉玲瓏，孔雀斜穿花錯落。一團俊俏真堪誇，萬種風流誰可學」，又說這一身花繡，「一似玉亭柱上鋪著軟翠」，當他與擎天柱任原相撲時，脫了布衫，露出花繡，一班看官立地「疊頭價喝彩」，擂主擎天柱任原還不知道燕青功夫怎樣，只是「看了他這花繡，急健身材」，就已經有「五分怯他」。《水滸》雖為小說，但由這

〔註21〕襳髾形制的介紹，參見黃能馥、陳娟娟《中國服裝史》，中國旅遊出版社1995年版，第132頁。

第二章　商代：巫史文化中的黼衣冔冠

　　殷商時代人與自然、人與社會的關係，依然集中表現為人與神的關係，而「神人以和」也依然是這兩種關係的理想境界。只是商代的「神人以和」，是「民神不雜」前提下的「神人以和」。

　　隨著生產力的進步和社會的發展，貧富分化，階級出現之後，與「神」交通成為統治集團的特權，統治者便通過「絕地天通」以壟斷祭祀上帝鬼神的權力，建立一個「民神不雜」的社會。全體社會成員，分化成了「民」與「人」兩大部分。此時，「民神不雜」中的「民」，為眾庶、為小人，而「神人以和」中的「人」，則為大人、為君子，原始社會的圖騰服飾，已為區別「民」「人」的黼衣冔冠所代替。黼衣冔冠既是實現「神人以和」的重要媒介，又是「民神不雜」的分別界限。作為統治者身份的標誌，此時，黼衣冔冠具備了「文」（服飾及與服飾相關的行為）與「質」（身份和地位）簡單的二層結構，到西周統治者提出「以德配天」的口號之後，服飾之「質」，在社會身份和地位之外，才又有了德行這一重含義。

　　黼衣冔冠所要達到的「神人以和」境界，是「民神不雜」前提下的「神人以和」，而「民神不雜」又以「絕地天通」、「人」「民」分別為前提，因此區別和標誌身份成為冕服的首要功能。要辨別區分不同人的等級身份，最有效的手段莫過於服飾圖案的區別，而從殷墟考古材料來看，殷商時代最鮮明的服飾特點，便在於黼衣上所繡繢的各種圖案。

　　考古材料所揭示的殷商服飾上的紋飾，最突出的為龍紋。殷商服飾上的龍紋，與青銅器上所鑄的饕餮紋，二者都是現實中多種動物的重新組合，是幻想與寫實的交織，強調的都是紋飾在觀念中的組合意義和象徵意義，而不

是對現實動物的模仿與寫實。龍紋與饕餮紋的形成，遵循的都是「和」文化追求下的重組變形。這種幻想與寫實交織，以表達和強調紋飾在觀念中的組合意義和象徵意義為目的的藝術手法，對後世組合式的吉祥繪畫和吉祥圖案產生了重大影響。

一、「絕地天通」與「人」「民」分別

圖騰社會為「萬物有靈」時期，沒有專一的神靈崇拜，貧富分化不明顯，與神交通並不是為個別人壟斷的特權，巫覡由「民之精爽不貳者」擔任，也不具有經濟特權。隨著社會生產力的發展，貧富的分化，大約到了傳說中的顓頊時代，與神交通成為只能由極少數人掌握的一種特權，於是，出現了傳說中的「絕地天通」的事件。

「絕地天通」的說法，最早在《今文尚書‧周書‧呂刑》中由周穆王提出：「王曰：『若古有訓，蚩尤惟始作亂，延及於平民……苗民弗用靈，制以刑，惟作五虐之刑曰法，殺戮無辜……上帝監民，罔有馨香德，刑發聞惟腥。皇帝哀矜庶戮之不辜，報虐以威，遏絕苗民，無世在下。乃命重、黎，絕地天通，罔有降格。」《國語‧楚語下》中，觀射父對楚昭王的解釋更為詳細。楚昭王問楚大夫觀射父說：「《周書》所謂『重黎實使天地不通』者何也？若無然，民將能登天乎？」觀射父回答：「非此之謂也。古者民神不雜，民之精爽不攜貳者……在男曰覡，在女曰巫。……民是以能有忠信，神是以能有明德，民神異業，敬而不瀆……及少暤之衰也，九黎亂德，民神雜糅，不可方物。夫人作享，家為巫史……民神同位……顓頊受之，乃命南正重司天以屬神，命火正黎司地以屬民，使復舊常，是謂絕地天通。其後，三苗復九黎之德。堯復育重、黎之後，不忘舊者，使復典之，以至於夏、商。」在觀射父的敘述當中，民與神的關係經歷了最上古時期的「民神不雜」、九黎亂德之後的「民神同位」、顓頊時的「絕地天通」、三苗之亂之後重又「民神雜糅」、堯時復又「絕地天通」五個階段。

上古時期，與神交通並不是能為某個個人或者某個小團體帶來利益的某種特權，那時還沒有王權統治，也不需要神靈來證明王公的合法性，因此民神雜糅還是不雜糅的問題，根本不會出現在上古人的視野當中。只有到了貧富產生分化，出現統治階層的時候，統治集團才需要壟斷與神交通的權力，以證明自己在人間權力的合法性，也只有在這種社會條件下，「民神雜糅」的

現象成爲建立統治秩序的一個障礙，才會成爲一個問題被加以考慮，於是也才有了「絕地天通」的行動。觀射父所描述的絕地天通的五個階段，雖然只是春秋晚期人觀念中的歷史，但是從中也透露出「絕地天通」，並非一團和氣、一帆風順，而是通過武力和血腥的手段強制推行的。

絕地天通，意味著新的社會秩序的建立，特權階層正在形成，神權與政權逐漸一體。殷商正是這樣一個「絕地天通」、「民神不雜」的社會。祭祀上帝鬼神的權力高度集中到以商王爲首的巫史集團那裡，神權巫術與王權十分緊密地結合在一起，祭祀上帝鬼神，既是商王室的首要任務，又是商王室獨有的特權。

「神人以和」，依然是殷商人要達到的一個理想境界。商王朝的大小事務，包括祭祀、征伐、婚喪、生育、疾病、田獵、出行、天氣等，都要通過占卜來詢問上帝及祖先神靈的意見，用《禮記·表記》中的話來說，就是「殷人尊神，率民以事神，先鬼而後禮」。神人的中介，依然是圖騰動物。「商周之早期，神話中的動物的功能，是發揮在人的世界與祖先及神的世界之溝通上」，[註1]只是此時，「神人以和」中的「人」，已不再像原始社會中那樣是指全體氏族成員，而只包括統治集團中的「人」了；「神人以和」中的神，也不是原始社會的部落圖騰神，而是將原始圖騰對象人化之後產生的「帝」或「上帝」。「帝」與「上帝」是圖騰崇拜向祖宗崇拜轉化的過渡形態。[註2]

從前面所引《今文尚書·周書·呂刑》中記載的周穆王的話、《國語·楚語下》中記載的觀射父的話，都可以看出，「絕地天通」，要消滅的是「民神雜糅」的現象，並不是要反對「神人以和」。事實上，貧富分化、階級出現之後，「民神雜糅」的「民」，與「神人以和」的「人」，已經分化成完全不同的兩個概念。

《說文解字》釋「人」說：「人，天地之性，最貴者也。」《禮記·禮運》曰：「人者，其天地之德，陰陽之交，鬼神之會，五行之秀氣也。」又曰：「人者，天地之心也，五行之端也，食味、別聲、被色而生者也。」這便是能達到神人以和境地的「人」，大致相當於春秋時期孔子所稱的「君子」。但是，「民神雜糅」之「民」，卻並不在貴爲天地之心的「人」之列。「民」也可以作爲人的通稱，如《詩經·大雅·生民》中的「厥初生民，時維姜原」，以及《左

<hr>

〔註1〕張光直《中國青銅時代》，三聯書店1983年版，第310頁。
〔註2〕參見《陳炎自選集》，廣西師範大學出版社2002年版，第17～18頁。

傳‧成公十三年》中「民受天地之中以生」等，但是在古代，「民」最初卻主要是指由俘虜轉化而成的奴隸。我們知道，仰韶文化就相當於炎黃文化，仰韶文化時期，據說南方以蚩尤爲首領的九黎族等「蠻族」北遷，與炎帝族和黃帝族發生戰爭，九黎族被打敗，蚩尤被黃帝擒殺，「九黎族經長期鬥爭後，一部分被迫退回南方，一部分留在北方，後來建立黎國，一部分被炎黃族俘獲，到西周時還留有『黎民』的名稱。」〔註3〕梁啓超《太古及三代載記》附《三苗九黎蚩尤考》：「因其冥昧，亦謂之民」，自注：「民之本義爲奴虜」。〔註4〕郭沫若《甲骨文字研究‧釋臣宰》則認爲：「臣、民者，固古之奴隸也。」解釋「民」字時說，「（周代彝器）作一左目形，而有刃物以刺之」，「周人初以敵囚爲民時，乃盲其左目以爲奴徵。」〔註5〕作爲奴虜，「民」成爲社會最底層的成員，後來又指有別於君主、群臣百官以士大夫以上各階層的「庶民」。《說文解字》十二卷下釋「民」說：「民，眾萌也。」「萌」，後世又常寫作「氓」。什麼是「眾萌」呢？王筠《說文解字句讀》卷二十四解釋說：「萌，冥昧貌也，言眾庶無知也。」〔註6〕絕地天通，是將與神交流的權力嚴格控制在作爲天地之心的「人」的手中，而作爲「民」的「眾庶」，便從此失去了與神交流的權力。

絕地天通，「人」、「民」分化，意味著尊卑等級的出現，意味著新的社會秩序的建立，從此天地分離，尊卑有序。因此，「絕地天通」作爲古代聖王的一項偉大業績，在封建時代一直受到讚美。如蔡沈《書經集傳》中說：「當三苗昏虐，民之得罪者莫知其端，無所控訴，相與聽於神，祭非其鬼，天地人神之典雜揉瀆亂，此妖誕之所以興，人心之所以不正也。在舜當務之急，莫先於正人心。首命重、黎，修明祀典：天子然後祭天地，諸侯然後祭山川；高卑上下，各有分限。」〔註7〕「絕地天通」之後，商王的祖先神「帝」，取代了原始社會各氏族的圖騰，成爲殷商最高的神，而遠古儀式中溝通神人的巫師，也逐漸演變爲朝廷的帝王。

〔註3〕 范文瀾《中國通史》第一冊第一編第一章第三節，人民出版社1978年版，第16頁。

〔註4〕 梁啓超《飲冰室合集》，中華書局1989年影印本，冊八專集卷四十三。

〔註5〕 郭沫若《郭沫若全集‧考古編》第一卷，科學出版社1982年版，第66頁、70頁、71頁。

〔註6〕 〔清〕王筠《說文解字句讀》，中華書局1988年版，第503頁。

〔註7〕 〔宋〕蔡沈《書經集傳》，《四書五經》本，天津市古籍書店1988年版，第133頁。

二、黻冕：「民神不雜」前提下的「神人以和」

　　從遠古至商代，原始服飾經過兩次分化。一是絕地天通後，黻冕（禮服）從氏族成員普遍穿著的服飾當中分化出來，並且不同地位的統治集團成員要穿用不同的黻冕，由此黻冕具有了標示身份等級的意義；二是黻冕從日常服飾中分化出來，並且不同場合、不同儀式要穿用不同的黻冕，由此黻冕具有了區分時間和空間的意義。經過漫長的發展過程，到了西周，終於形成了一套完善的冕服制度。

　　原始社會，每個氏族成員在部落儀式上都可以穿戴圖騰服飾，參加原始巫舞，相同的服飾、共同的巫舞，將同一氏族內的所有成員凝聚到一起，達到人人以和，並在此基礎上，使全體氏族成員進一步體驗神人以和的境界。絕地天通之後，「人」「民」分別，張光直認爲，「商周藝術中的動物是巫覡溝通天地的主要媒介，那麼對帶有動物紋樣的青銅禮器的佔有，就意味著對天地溝通手段的佔有」，〔註8〕穿戴繡繢以動物紋樣、能夠溝通神人的服飾，與佔有帶動物紋樣的青銅禮器一樣，都意味著對天地溝通手段的佔有，在商代，這就成爲以商王爲首的巫史集團成員的特權。而此時繡繢有動物圖案的服飾，逐漸成了貴族身份地位的象徵，除了要達到神人以和的巫術目的，更重要的是要能夠別貴賤、辨等威，增強統治者的威嚴氣度。於是，神人以和成爲統治集團君子的特權之後，上古時期神人以和達成手段之一的圖騰服飾，就逐漸演變成只有統治集團（以商王爲首的巫史集團）才能穿戴的冕服。

　　原始社會的某種特定的圖騰服飾，如果只能在某種特定的場合和特定的時間穿戴的話，那麼除了祈求神人以和，這種服飾同時還具有了區別時間或者季節的意義。《論語・泰伯》記載：「子曰：『禹，吾無間然矣。菲飲食，而致孝乎鬼神；惡衣服，而致美乎黻冕……』」孔子認爲，禹平時生活節儉，衣服樸素，祭祀時則穿華美的禮服黻冕，這是禹的美德。可見在孔子眼中，禹的時代，日常衣服已與祭祀鬼神時所穿的禮服有了區別。黻冕作爲祭服，取代了原始社會的圖騰服飾，從帝王日常服飾當中分化了出來。

　　黻與韠，都是蔽膝，錦繡的稱黻，皮革的是韠，又通稱作芾。冕則是祭祀時專用的禮帽。黻的形制與先民生殖崇拜關係十分密切，〔註9〕成爲祭服中

〔註 8〕張光直《美術、神話與祭祀》，遼寧教育出版社 2002 年版，第 58 頁。
〔註 9〕芾的形制與生殖崇拜的關係，蔡子諤論述已十分詳明，參見氏著《中國服飾美學史》，河北美術出版社 2001 年版，第 66～79 頁。

重要的組成部分，因此孔子將祭祀時所穿冕服稱作黻冕。

冕服包括冕與服兩部分。根據蔡邕《獨斷》，夏代冕冠名爲「收」，殷代名爲「冔」，周代名爲「爵弁」，夏代冕冠純黑而赤，前小後大，商代冕冠黑而微白，前大後小，周代黑而赤，如爵頭之色，前小後大。《遼史·儀衛志二·漢服》載：「夏收、殷冔、周弁以朝，冠端以居，所以別尊卑、辨儀物也。」〔註 10〕冕服制度，到西周時已經相當完善，在西周之前一定經歷了一個漫長的發展過程。商代與周代的禮服，統言之，可都稱爲冕服，析言之，則商代禮服可稱作黼衣冔冠，《詩經·大雅·文王》記述了殷商舊貴族向周人稱臣並爲周文王助祭的事件，提到殷商舊貴族助祭時「常服黼冔」，「黼冔」，即黼衣冔冠，《毛傳》曰：「黼，白與黑也，冔，殷冠也。夏后氏曰收，周曰冕。」《鄭箋》曰：「殷之臣壯美而敏，來助周祭，其助祭，自服殷之服，明文王以德不以強。」〔註 11〕可見，殷商禮服與周代冕服有所不同。夏及殷的冕冠形制，春秋時代孔子已感歎：「夏禮，吾能言之，杞不足徵也。殷禮，吾能言之，宋不足徵也。文獻不足故也。足，則吾能征之矣。」〔註 12〕目前有限的考古材料，還無法詳細揭示夏商兩代的冕冠形制，只能讓人對商代禮服服飾的形制及圖案有大致的瞭解。

三、商代冕服紋飾的審美特徵

《山海經·大荒西經》中記載：「有人珥兩青蛇，乘兩龍，名曰夏后開。」夏后開，即是夏后啓，根據《山海經》，有夏一代的開國之主啓，依然是一個佩戴圖騰動物的大巫形象。《淮南子·脩務訓》中說：「今夫毛嬙、西施，天下之美人，若使之銜腐鼠，蒙蝟皮，衣豹裘，帶死蛇，則布衣韋帶之人，過者莫不左右睥睨而掩鼻。嘗試使之施芳澤，正娥眉，設笄珥，衣阿錫，曳齊紈，粉白黛黑，佩玉環，……則雖王公大人，有嚴志頡頏之行者，無不憚悇癢心而悅其色矣。」《淮南子》是西漢時著作，已將「銜腐鼠，蒙蝟皮，衣豹裘，帶死蛇」視作醜陋裝扮的代表，至少說明兩方面問題：第一，這種裝扮可能曾經有過，極有可能是西漢人對圖騰崇拜時期巫師裝扮的印象；第二，

〔註 10〕〔元〕脫脫等《遼史》，中華書局 1974 年版，第 907 頁。

〔註 11〕〔漢〕毛亨傳、鄭玄箋、〔唐〕孔穎達疏《毛詩正義》，《十三經注疏》本，中華書局 1980 年版，第 505 頁。

〔註 12〕《論語·八佾》。

這種裝扮在西漢人眼中極端醜陋。事實上至少在商代，儘管動物或其它圖騰物依然是神人中介，「衣豹裘，帶死蛇」這種原始裝扮，即使在巫術儀式當中，也已經不再爲人們所接受。隨著各項生產技術的發展，圖騰物卻以凝縮抽象的形象，保留到服飾、玉器、青銅器的形制及紋樣當中去了。

除了以動物身體的某一部分或者玉石所刻的動物模型作爲裝飾（如項飾、腕飾及頭飾）；原始社會的圖騰服飾，還在面部以及身體上繪飾動物紋樣。一般認爲，紋身或者在身上塗抹花紋的做法，要早於衣服的產生。當衣裳產生之後，原來畫在身體上的紋身紋樣被衣裳所遮蓋，於是便轉移到衣裳上，從而出現了畫繢工藝和服飾紋樣，後來畫繢紋樣用絲線來刺繡，又出現了刺繡工藝。〔註13〕

新石器時代，已有絲織品，1958 年浙江吳興錢山漾遺址出土、現藏浙江省博物館的良渚文化時期的殘綢片（距今約 4700 年），原稱殘絹片，殘長 2.4釐米，寬 1 釐米，爲黃褐色家蠶絲織品。而在甲骨文中，已有桑、蠶、絲、繰、束、麻、帛等字，從「系」的字也很多，表明殷商時期染織工藝已經相當成熟。染織工藝的發展，使服裝面料的圖案更加多樣化。同時，已成爲等級區分標誌的冕服，除了顏色，圖案的區別也是辨別等級的重要手段，如此，冕服上所繡繢圖案的鮮明醒目就變得十分重要，而在殷墟出土的玉人及石人雕像中，最引人注目的，恰是服飾上所刻的清晰可辨的紋飾圖案。

與商代的青銅禮器、陶制禮器一樣，作爲神人之間的重要媒介，商代的冕服也要適合祭祀儀式的需要；與商代的青銅禮器、陶制禮器上的紋樣相似，商代服飾中的圖案，大多也是遠古圖騰崇拜的遺留，其最高理想依然在於神人以和。因此，功利目的與審美要求的統一，是商代冕服、青銅禮器、陶制禮器的共同特徵，考古材料中已發現的商代服飾的圖案紋樣，與同時代青銅器及陶器上的紋樣相當一致。

殷商服飾中的紋飾，大體可分爲動物紋飾與幾何形紋飾兩大類。

關於動物紋飾，安陽大司空村殷墓曾發現一塊花布，黑白相間的顏色上，還可看出用黑色畫成的類似饕餮的圖案。〔註14〕玉雕及青銅器中所反映的人物形象，其服飾上的圖案，多作龍紋。如河南安陽殷墟五號墓出土的玉人和

〔註13〕參見趙超《雲想衣裳——中國服飾的考古文物研究》，四川人民出版社 2004年版，第 19 頁；黃能馥、陳娟娟《中國服裝史》，中國旅遊出版社 1995 年版，第 25 頁。

〔註14〕參見田自秉《中國工藝美術史》，東方出版中心 1985 年版，第 61 頁。

石人，其中，玉人的下裳兩腿部位飾有升龍紋，石人的上衣兩臂飾降龍紋，下裳兩腿部位飾升龍紋，前胸則飾有龍頭紋（參見附圖五）；傳湖南安化出土的商代乳虎食人卣（又稱饕餮食人卣），母虎（一說饕餮）所抱的童子，衣裝華美，兩腿部亦各飾一條升龍紋。服裝上以動物為圖案的還有河南安陽四盤磨村出土的商代貴族白石雕像（參見附圖六），該雕像衣前附有皮革的韠或者錦繡的韍，韠或者韍上，有鮮明的羊頭紋飾（一說為牛頭紋飾）。

殷商考古材料中，在首飾與佩飾上也可以發現大量圖騰動物形象以及它們的變形。殷墟婦好墓中，共發現骨笄 499 件，其中夔頭形的 35 件，鳥頭形的 334 件，雞首形的 2 件。商代考古材料中，還發現有大量的動物紋飾或者動物形狀的佩玉，如龍紋璜、獸紋璜、鳥紋璜、魚紋璜、夔紋玉玦等。〔註15〕

除了具體的動物紋樣，商代服裝上還有大量的抽象圖案，考古材料中，較多的是各種雲雷紋，此外還有勾連紋、疊勝紋、回紋、目紋、連續矩紋等。〔註16〕

服裝面料上抽象紋飾與同時期青銅器和陶器上的某些抽象紋飾極為一致，如安陽侯家莊西北崗商墓出土的商代貴族白石雕像衣帶間的連續矩紋，也曾出現在同時期的青銅器和白陶上。不同器具上的紋飾之所以一致，一方面是由於生產過程中某些因素的影響，據說早期陶器的製造，與編織物有關，恩格斯在《家庭、私有制和國家的起源》中寫道：「陶器的製造都是由於在編製的或木製的容器上塗上黏土使之能夠耐火而產生的。最初是用泥糊在編織物上燒成的，後來就直接用泥製坯燒製了。」各種編織幾何紋成為早期陶器的一種自然裝飾，而這種編織紋經過歸納定型後，又裝飾到銅器上，就構成銅器表面地紋的回紋或者矩形紋。〔註17〕可見青銅器和陶器上的某些紋飾，是受提花織物或者絲綢的紋路影響而產生的。另一方面，這些抽象紋飾，是遠古圖騰物的簡化和抽象，是遠古圖騰崇拜在商代不同器物上的反映，因此同一時期服飾、青銅器和陶器上的抽象紋飾十分一致。商代服飾中的抽象圖案，對於後世的服飾及其他器物的裝飾圖案影響很大，如安陽侯家莊西北崗

〔註15〕黃能馥、陳娟娟《中國服裝史》，中國旅遊出版社 1995 年版，第 39～53 頁。

〔註16〕參見沈從文編著《中國古代服飾研究》，上海書店出版社 2002 版，第 33～35 頁；黃能馥、陳娟娟編著《中國服裝史》，中國旅遊出版社 1995 年版，第 36 ～44 頁。

〔註17〕參見黃能馥、陳娟娟《中國服裝史》，中國旅遊出版社 1995 年版，第 36 頁；田自秉《中國工藝美術史》，東方出版中心 1985 年版，第 20 頁、53 頁。

商墓出土的商代貴族白石雕像衣帶間的連續矩紋，「又與春秋、戰國人像衣著和雕玉紋飾及秦漢之際大空心磚邊沿紋飾相通，應當是由織席發展而成的一種較原始的多彩錦紋，這種彩錦即是後來唐代的雙矩錦、宋代的青綠簟紋錦等一系列規矩圖案錦的前身」。〔註18〕

與原始圖騰服飾相同的是，「神人以和」依然是商代冕服所追求的最高審美理想，均衡對稱的和諧美，依然是商代冕服的具體審美要求。然而同是均衡對稱，原始圖騰服飾更側重對稱，如西安半坡和臨潼姜寨的陶缽彩繪人面兩邊的魚紋（參見附圖二），商代冕服則在對稱的基礎上，更強調均衡。對稱的格式更莊嚴，均衡的格式則更容易產生活潑感。殷墟出土的玉人和石人（參見附圖五），以及青銅器上的人形紋飾，凡是升龍紋，都出現在下裳的兩腿部位，而降龍紋則都出現在上衣的兩臂。兩腿上的升龍紋構成一組對稱的圖案，而兩臂上的降龍紋構成另一組對稱的圖案，胸前的圖案表現的是龍頭的正面形象，也是十分穩定的左右對稱，渲染出一種威嚴肅穆的氣氛。然而，均衡不是單純的左右對稱，如果只是單純的左右對稱，又會造成死板僵硬的視覺效果，而商代冕服上兩腿飾飛騰向上的升龍紋，兩臂飾盤旋而下的降龍紋，由下而上，由上而下，升龍紋與降龍紋相對應，既符合實際運動的規律，又照顧人的視覺審美需要，既展現了龍的動態，打破了單純左右對稱造成的呆板，又不失均衡和諧，正是中國古代「和而不同」的審美理想的表現。

與原始圖騰服飾強調人人以和的部落或氏族間的凝聚力不同的是，商代冕服還要體現絕地天通後「人」「民」分別的尊卑秩序，因此與原始圖騰服飾的嚴肅和簡樸比起來，商代冕服更需要威嚴與繁縟的視覺效果。商代染織工藝的發展，又為商代冕服的這種需求提供了物質和技術支持。河南安陽殷墟五號墓和四盤磨村出土的玉人和石人，所穿衣裳上都布滿了各種紋飾。其中，殷墟五號墓的石人，衣領及袖口、衣裳下邊均飾有勾連紋，足脛間則有纏繞紋，韠和腰帶均有疊勝紋作裝飾。四盤磨村出土的石雕像，所穿大翻領窄袖上衣的肩背滿飾目紋，黻或韠上有獸頭紋飾，其他部位則滿是變體雷紋（參見附圖六）。安陽殷墟五號墓出土的玉人，領圈飾雲雷紋，後背飾黻紋，前胸有龍頭紋，後背繡滿了黻紋，上衣兩臂分別飾降龍紋，下裳兩腿分別飾升龍紋。〔註19〕衣裳上的紋飾，以滿為美，滿到幾乎不留任何空隙，凡是能繡續

〔註18〕沈從文編著《中國古代服飾研究》，上海書店出版社 2002 版，第 36 頁。

〔註19〕黃能馥、陳娟娟《中國服裝史》，中國旅遊出版社 1995 年版，第 33 頁、36

紋飾的部位，都布滿了紋飾，似乎越是繁縟華美，便越顯威嚴尊貴。由殷商的玉人石人雕像，可以想見，孔子感歎禹「惡衣服而致美乎黻冕」，「致美」二字，的確不虛。

商代冕服紋飾雖然布滿全身，密不留隙，卻繁而不亂，密而不雜，於繁中見出整一，於滿中透出秩序，其原因，就在於紋飾雖然多，卻有一個中心紋飾（一般為圖騰形象），其他紋飾雖然繁多，卻都統一於中心紋飾。中心紋飾一般居於上衣前胸部位，如安陽殷墟五號墓的玉人，以上衣前胸部位所飾龍頭紋為中心，其他紋飾，包括升龍紋與降龍紋，都圍繞前胸部位的龍頭紋，眾星捧月一般。中心紋飾也有居於黻（蔽膝）之上，如四盤村出土的商代貴族石雕，就以黻上所繡績的羊頭紋飾（一說為牛頭紋飾）為中心紋飾（參見附圖六）。

中心紋飾的位置，借用孔子的話，可說是「譬如北辰，居其所而眾星拱之。」〔註20〕這也正符合了中國藝術所要求的基本美學原則：「中」。「擇中」的觀念，早在新石器時代便已在建築中有所體現，如陝西臨潼姜寨仰韶文化村落遺址中，「居住區的房子共分五組，每一組都以一棟大房子為核心，其它較小的房屋環繞中間的空地，與大房子作環形布局。可見，村落中的大房子和中間的空地有著特殊的功用，具有尊高的地位。這說明，早在石器時代人們就有了擇中的思想意識，並存在一種向心型的建築布局。」〔註21〕商代冕服的中心紋飾，就像後世山水畫中山的「主峰」，劉熙載《藝概·書概》稱：「畫山者必有主峰，為諸峰所拱向。」〔註22〕而中心紋飾的作用，又好比後世書法中的「主筆」，朱和羹《臨池心解》中說：「每字中立定主筆，凡布局、展勢、結構、操縱、側瀉、力撐，皆主筆左右之也。有此主筆，四面呼吸相通。」〔註23〕圍繞中心紋飾，其他紋飾圖案（主要是抽象的幾何紋）以對稱、擴散型向四周擴展，有主次，有對比，都與中心紋飾遙相呼應，形成結構上的整一性。於是，商代冕服上繁多的紋飾因有「中」而能和，因和而能美，因美而能神人共悅、神人以和。

頁、38頁、44頁。

〔註20〕《論語·為政》。

〔註21〕程建軍《中國古代建築與周易哲學》，吉林教育出版社1991年版，第97頁。

〔註22〕華東師範大學古籍整理研究室選編《歷代書法論文選》，上海書畫出版社1983年版，第711頁。

〔註23〕周曉明《〈臨池心解〉箋註與研究》，吉林大學2007年碩士論文，第19頁。

　　與商代青銅器的動物紋樣相似，商代服飾的動物圖案，有的是將現實的動物形象加以概括抽象和相應的審美變形，如羊頭紋飾、鳥紋玉佩等，有的則是現實中多種動物的重新組合，是幻想與寫實的交織，如饕餮紋、龍紋等。商代青銅禮器的動物紋飾中，最突出的是饕餮形象，而商代冕服上的紋飾，最突出的則是龍紋。龍紋的形成與饕餮紋的形成遵循著相同的思維方式和藝術法則，即在「和」的文化追求下的重組變形。〔註24〕關於龍的來歷，聞一多在《伏羲考》中考證，龍是「只存在於圖騰中而不存在於生物界中的一種虛擬的生物」，「是由許多不同的圖騰糅合成的一種綜合體」。龍的形象最初是蛇，以蛇為圖騰的氏族逐漸兼併其他氏族，就以蛇為主幹部分和基本形態，融合了被兼併的其他氏族的圖騰的某些部分，如馬頭、鹿角、鳥翼、狗爪、魚鱗、獸足等，從而合成了龍的形象。聞一多將五方獸中的北方玄武（龜與蛇）與龍的構成方式作了對比，將北方玄武看作是龜蛇二獸的組合，因為玄武是兩個圖騰單位並存，個別單位的形態依然未變，而龍則是「許多單位經過融化作用，形成了一個新的大單位，其各小單位已經是不復個別的存在罷了」。「前者可稱為混合式的圖騰，後者化合式的圖騰」。〔註25〕聞一多所說的「化合式」，正是以「和」的思想為指導的重組變形，這一構成方式體現出兩個特點：第一，以一種圖騰動物為基本的中心單位（在龍紋中這一中心單位是蛇），以其他若干生物或無生物的形態或局部形態為附加部分（在龍紋中表現為馬頭、鹿角等形象）；第二，經過「化合」或者「重組變形」而產生的虛擬圖騰生物，雖然由多種生物或非生物組合而成，但它是一個渾然的有機整體，表現出嚴格的整一性。

　　無論是服飾上所繡繢的龍紋，還是青銅器上所鑄造的饕餮，二者都是幻想與寫實的匯合，而無論幻想，還是寫實，目的都在於表達人的觀念和意願，在於言志，在於寫意，卻獨獨不在於對現實事物和關係的摹仿與寫真。這一傾向表現到後世繪畫和吉祥圖案中，是牡丹、荷花、菊花、梅花超越了時間和季節的限制共同開放，號稱「一年景」；寶珠、方勝、犀角、象牙、如意、珊瑚、銀錠突破了空間和地域的分隔並處一圖，號稱「七珍紋」。

　　強大的蛇氏族在征服其他氏族之後，不是徹底消滅對方，而是將對方融

〔註24〕關於饕餮紋的重組變形的美學分析，參見張法《中國美學史》，上海人民出版社 2000 年版，第 26～31 頁。

〔註25〕聞一多《神話與詩》，古籍出版社 1956 年版，第 26 頁。

第三章　西周：禮樂文明背景下的衣冠服制

　　宗法制在夏商時代已具雛形。一般認爲，夏啓開創了王位世襲制，商代的王位有時兄終弟及，有時父子相傳。公元前 11 世紀中葉，周滅殷後，一方面大規模分封諸侯，另一方面承認地方宗族勢力，終於形成了一套以嫡長子繼承制爲核心的宗法管理體制。與宗法制相應，遠古的圖騰崇拜，經過商代「帝」崇拜的中間形態，到西周進一步人化爲祖先崇拜。〔註1〕殷商人尊帝敬神，周人則將社會意識的重心轉移向敬天重德，形成了一種「以天爲宗，以德爲本」的文化。〔註2〕

　　周人在解釋自己「奄有天下」權力的合法性時，提出了「天命靡常」，「皇天無親，唯德是輔」，因爲周代統治者能「以德配天」，所以才「有命自天，命此文王」，「丕顯文王，受天有大命」，周才能受天命代替殷商而有天下。

　　祖先崇拜與「以德配天」的統治依據結合起來，在現實中的主要表現就是西周「周公郊祀后稷以配天，宗祀文王於明堂以配上帝」的郊祀制度。〔註3〕中國古代社會的國家祭祀，最重要的有兩類：一是祭天地，二是祀宗廟。代表祖先崇拜的宗廟祭祀不必說，強調的當然是跟人間血緣親情有關的「孝」，即使郊祀天地，根據《孝經·聖治章》的說法，「天地之性人爲貴，人之行莫大於孝，孝莫大於嚴父，嚴父莫大於配天，則周公其人也」，郊天

〔註 1〕　參見《陳炎自選集》，廣西師範大學出版社 2002 年版，第 17～25 頁。
〔註 2〕　《莊子·天下》。
〔註 3〕　《孝經·聖治章》。

時並祀祖先神靈，強調的還是人間的「孝」。無論是祖先「以德配天」的「德」，還是後世宗祀的郊天祀祖所體現的「孝」，強調的又都是人間的事務與人間的秩序。與西周郊祀處處強調人間的宗法血緣關係相似，西周禮樂文化背景下的服飾制度，也處處體現了以德與孝爲骨幹的封建宗法思想，具體說來，「德」的具體體現，在于吉服五服制；而「孝」的具體體現，則在於喪服五服制。

一般認爲，眞正成熟的禮制是在西周成王、周公的時代建立起來的，而禮的作用，主要在於調節人與人之間的關係，禮的這種調節作用，建立在「別異」的基礎上，「禮別異」，即通過禮來區分人的親疏遠近、尊卑長幼和貴賤等級，禮治的理想，是要在「別異」的基礎上，實現「和而不同」、秩序井然的社會理想。中國古代服飾制度是中國古代禮制的重要組成部分，中國古代服飾的形制、顏色、紋飾、佩飾等形式，則是中國古代禮樂文化的物態形式，所謂「中國有禮義之大，故稱夏；有服章之美，謂之華。華、夏一也」。〔註4〕作爲禮義的表現形式，服飾制度的作用，在於昭名分、辨等威、分貴賤、別親疏，通過外在的服飾來區分和確定人的身份等級，將個體的人「身份化」爲社會成員，用社會的共性淹沒了個體的個性，使每個個體都循規蹈矩、安於本分，從而實現維護社會秩序的社會功能。從這一角度來說，服飾之「別異」，是爲了社會之「和同」，肇始於西周的吉服與凶服五服制，其繁瑣細緻的各項規定，目的就是要在「人人以別」的前提下實現「人人以和」的社會理想。

西周冠服在「人人以別」的基礎上維護社會秩序，追求「人人以和」的社會理想，這直接影響了後世儒家尊卑等級分明而又其樂融融的審美文化的構建。正是這種通過「人人以別」達到「人人以和」的思路，導向了儒家「禮之用，和爲貴」的禮學理想，影響了「以典章制度儀式禮儀爲結構，以忠義仁愛爲內容，以溫柔敦厚爲意態，以天下安和爲功用」的儒家美學的形成。〔註5〕

〔註4〕《左傳・定公十年》「裔不謀夏，夷不亂華」條下孔穎達《疏》，〔晉〕杜預注、〔唐〕孔穎達疏《春秋左傳正義》，〔清〕阮元校刻《十三經注疏》本，第466頁。

〔註5〕李澤厚、劉綱紀《中國美學史（先秦兩漢編）》，安徽文藝出版社1999年版，第337頁。

一、吉服與喪服共同的倫理基礎與不同的審美取向

　　從西周開始，對於吉服與喪服的諸項規定，構成了中國古代服飾制度的主體部分。吉服包括禮服與常服，是古代服飾的主要組成部分，其中，周代禮服主要包括作爲祭服的冕服和參加一般政事活動所穿用的弁服；喪服又稱凶服，中國古代禮制傳統上有「五禮」之說，即吉禮、凶禮、賓禮、軍禮和嘉禮。根據《周禮・春官・大宗伯》，凶禮包括喪禮、荒禮、弔禮、襘禮、恤禮五種，後四者，都是諸侯國之間對天災人禍的慰問和救助之禮，秦漢實行中央集權制之後，凶禮中便只剩下與宗族血緣密切相關的喪禮，並隨著中央集權制的完善而日漸完備。因此，秦漢之後，凶禮實際上就是喪禮，凶服也就是喪服了。「凶服」還可指鎧甲之類的行兇之服。如《漢書・尹賞傳》：「雜舉長安中輕薄少年惡子，無市籍商販作務，而鮮衣凶服被鎧扞持刀兵者，悉籍記之，得數百人。」唐顏師古注：「凶服，危險之服，鎧甲也。」〔註6〕清王先謙《漢書補注》引周壽昌曰：「服，無所謂兇險也。凶服，蓋凶徒作亂之服。如絳幘黃巾，不遵法制之類皆是也。」「凶服」的這種用法，十分少見，不在本節論述範圍之內。喪服是生者爲死者守喪所穿著的服飾，以親疏爲差等，分爲斬衰、齊衰、大功、小功、緦麻五等服式。

　　跟圖騰崇拜和原始儀式密切相關的遠古服飾，強調的是神人之間的交流，以期獲得神的祐護；作爲周禮重要組成部分的服飾制度，則主要在於突出地上的權威，以便維持社會等級秩序。服飾對於社會秩序的維護，首先在於區分和確定人的身份等級。一般說來，「在大多數社會裏，區分標誌往往遵循一條總的原則——即昂貴程度」，〔註7〕因爲越是稀少、越是昂貴的服飾，越不容易被人仿製，也就越能彰顯尊貴身份。大體上說，中國古代吉服對身份的標誌，屬於這種情況。地位越高的人，服飾的質料就越好，紋飾的數目就越多，因此服飾也就越顯得華麗，服飾的審美價值就越高。然而，對於區分生者與死者親疏遠近關係的喪服，體現的卻是一種負面審美價值，即與死者在宗法血緣關係上越親近的人，所穿喪服就越粗糙、惡劣，所表達的哀痛也就越深重。

〔註6〕　〔漢〕班固《漢書》，中華書局1962年版，第3674頁。
〔註7〕　〔英〕E・H・貢布里奇《秩序感——裝飾藝術的心理學研究》，楊思梁、徐一維譯，浙江攝影出版社1987年版，第394頁。

（一）「有孝有德」——吉服與喪服五服制的倫理基礎

「五服」的劃分與規定，是周代服飾制度的重要組成部分，也是最爲歷代統治者所重視的服飾形制。在中國古代，「五服」大致有三種含義：

一是標誌距王畿之遠近的五服，古代王畿之外，每五百里爲一服，由近及遠，分侯服、甸服、綏服、要服、荒服五服。《尚書・益稷》：「弼成五服，至於五千。」僞孔安國《傳》：「五服：侯、甸、綏、要、荒服也。服五百里，四方相距爲方五千里。」〔註8〕

二是吉服的五個等級，主要指天子、諸侯、卿、大夫、士的五等服式。《周禮・春官・小宗伯》：「辨吉凶之五服。」鄭玄注：「五服，王及公、卿、大夫、士之服。」《尚書・皐陶謨》說：「天命有德，五服五章哉。」僞孔安國《傳》：「五服，天子、諸侯、卿、大夫、士之服也。」〔註9〕

三是喪服的五個等級。《禮記・學記》說：「師無當於五服，五服弗得不親。」孔穎達《正義》：「五服：斬衰也，齊衰也，大功也，小功也，緦麻也。」〔註10〕

第一種意義上的五服，是以王畿作爲天下之「中」，表現的是不同地區與天下之「中」之間的不同距離，這個距離，既是地理意義上的距離，又是宗法政治意義上的距離。吉服之五服，規範的是人的尊卑等級，標示的是不同級別的貴族與帝王之間等級距離的差距；凶服之五服，表現的是人的親疏遠近，標示的是不同的人與死者之間在宗法血緣關係上的距離。雖然前者是地理意義上的等級遠近，後二者則是人與人之間的等級遠近，但三者所標誌的又都是宗法背景下的等級距離，因此都被稱作五服。標誌距王畿之遠近的地理意義上的「五服」，能夠幫助我們更好地理解吉服與凶服之五服的意義。

對於吉服與凶服的諸項規定，是中國古代服飾制度最重要的兩個組成部分。中國古代傳統的社會等級，包括政治等級與宗法血緣關係等級，二者既有區別，又相互影響和滲透。政治的不同等級，體現在服飾上爲吉服之五服的區

〔註8〕 〔漢〕孔安國傳、〔唐〕孔穎達疏《尚書正義》，〔清〕阮元校刻《十三經注疏》本，中華書局1980年版，第31頁。

〔註9〕 〔漢〕鄭玄注、〔唐〕賈公彥疏《周禮注疏》，〔清〕阮元校刻《十三經注疏》本，第128頁；〔漢〕孔安國傳、〔唐〕孔穎達疏《尚書正義》，〔清〕阮元校刻《十三經注疏》本，中華書局1980年版，第27頁。

〔註10〕 〔漢〕鄭玄注、〔唐〕孔穎達疏《禮記正義》，〔清〕阮元校刻《十三經注疏》本，中華書局1980年版，第296頁。

分；宗法血緣關係的不同等級，體現在服飾上爲喪服之五服的區分。吉服之五服和喪服之五服，又分別以中國古代宗法社會倫理道德思想的主幹 —— 德與孝，作爲區分的思想基礎。

自周代開始，德與孝並稱，並與天命聯繫起來，成爲宗法社會統治者統治人民的思想依據。德孝並稱，在《詩經》諸多篇章裏都有體現。如《大雅・卷阿》稱：「有孝有德」；君子因其「令德」，受到天的福祐；《大雅・下武》則更明確地闡述了德、孝與天命的關係。「下武維周，世有哲王。三后在天，王配于京。王配于京，世德作求。永言配命，成王之孚。成王之孚，下土之式。永言孝思，孝思維則。媚茲一人，應侯順德。永言孝思，昭哉嗣服。昭茲來許，繩其祖武。於萬斯年，受天之祜。受天之祜，四方來賀。於萬斯年，不遐有佐。」周代三后（太王、王季、文王）死後已在天上，而周武王則繼文王之後，繼承並秉有祖先的聖德，因此受天之命，能夠「永言孝思，孝思維則」，承續祖業，成爲天下百姓的法式（「下土之式」），使四方順服（「四方來賀」），「德」「孝」兼備，便能「於萬斯年，受天之祜」，受到天的祐助，直到萬年。所以《毛詩序》說：「《下武》，繼文也。武王有聖德，復受天命，能昭先人之功焉。」《鄭箋》解釋：「繼文者，繼文王之王業而成之。昭，明也。」〔註11〕因此，侯外廬等人在《中國思想通史》中指出，自周代開始，「才把德孝並稱，德以對天，孝以對祖，《大雅》所謂『有孝有德』」。貫通周代文明社會的倫理道德思想，即是以德、孝二字爲骨幹。「『德』是先王能配上帝或昊天的理由，是受命以『乂我受民』的理由」，而先王受天之命統治下民，其子孫「繼序先王的德業」，繼承先王的權力，則既是以孝作爲倫理依據，又是孝的具體體現。〔註12〕

德孝並稱，意味著周人在將「天」的意志看作社會秩序的終極依據之外，又將「人」的感情看作社會秩序的合理依據與可靠保障，「親情及其向外擴展是人際和諧的基礎，血緣及其應有的遠近分別是社會秩序的本原」，「周代禮制的核心，是確立血緣與等級之間的同一秩序，由這種同一的秩序來建立社會的秩序」。〔註13〕這種「血緣與等級之間的同一秩序」，其最直接和具體的

〔註11〕　〔漢〕毛亨傳、鄭玄箋、〔唐〕孔穎達疏《毛詩正義》，〔清〕阮元校刻《十三經注疏》本，中華書局 1980 年版，第 525～526 頁，第 297 頁。

〔註12〕　侯外廬、趙紀彬、杜國庠《中國思想通史》（第一卷），人民出版社 1957 年版，第 92～94 頁。

〔註13〕　葛兆光《中國思想史》（第一卷），復旦大學出版社 2001 年版，第 34～35 頁。

體現便是西周以嫡長子繼承制爲核心的宗法制。嫡長子繼承制的核心，在於「立嫡以長不以賢」，〔註14〕即先王的德業與權力須由嫡長子來繼序。因此，宗法意義上「孝」的權力，也首先屬於嫡長子。

「吉服的五服，主要體現的是中國古代人與人之間尊卑等級的社會差異；而喪服的五服，主要處理的則是中國古代人與人之間親疏遠近的血緣關係。這兩種服制，構成了中國古代『禮治』的重要內容之一，從而將每一個穿著服裝的文明人編織到縱橫交錯的社會——人際網絡之中」。〔註15〕最能體現冠服制度昭名分、辨等威、分貴賤、別親疏的社會功能的，莫過于吉服與凶服之五服的規定，而吉服與凶服的五服制度，又以中國古代宗法社會統治思想的骨幹——德與孝作爲深層的倫理基礎，因此，可以用《詩經・大雅・卷阿》中的話來概括吉服與凶服五服制的倫理基礎和社會功能，即「有孝有德」，「四方爲則」。

（二）位高服尊——吉服以「追琢其章」為美

「德」的原始意義，跟圖騰觀念有關，指各氏族不同圖騰的不同生性，所以《國語・晉語》載司空季子語曰：「黃帝以姬水成，炎帝以姜水成，成而異德，故黃帝爲姬，炎帝爲姜。二帝用師以相濟也，異德之故也。異姓則異德，異德則異類。異類雖近，男女相及，以生民也。同姓則同德，同德則同心，同心則同志，同志雖遠，男女不相及，畏黷敬也。」

貧富分化、階級出現之後，德爲人王所獨享，「徵之甲骨文用例，除主語不明者外，德皆爲殷王的行爲。德成爲殷王溝通祖先神、至上神的一種特權。」西周以德配天，德又成爲周王克配天命的依據，「德」的含義則發展爲周王的政行懿德。「縱觀《周書》及《詩經》有關篇章中，周人反覆強調的德，決不是空泛的道德之論，而是討論統治者的政行」，周人「把天、德、民三者聯繫起來加以考察：至上神『天』有天命予奪的權力，但天命予奪是有一定依據的，須根據人王的政行『德』，故人王須以德配天，而人王的德之善否則是由民之反映而定」，「周人認爲統治者的德與天命的予奪有直接聯繫」。〔註16〕因

〔註14〕《春秋公羊傳・隱公元年》。

〔註15〕陳炎、李梅《中國與西方古代、現代、後現代服飾的美學特徵》，《文藝研究》2005年第8期。

〔註16〕巴新生《試論先秦「德」的起源與流變》，《中國史研究》1997年第3期。

此，《詩經‧大雅‧假樂》這樣來解釋君主權力的合法性：「假樂君子，顯顯令德，宜民宜人。受祿於天，保右命之，自天申之。」

周人將以德配天作爲自己的統治依據，意味著與殷商人的重鬼神相比，周人更強調人事。強調人事的結果，導致了周禮的產生，《禮記‧表記》說：「殷人尊神，率民以事神，先鬼而後禮……周人尊禮尚施，事鬼敬神而遠之。」禮的本義，《說文》云：「禮，履也。所以事神致福也。」王國維解釋：「奉神人之事通謂之禮。」〔註17〕周禮是將事神致福的原始儀式「加以改造製作，予以系統化、擴展化，成爲一套早期奴隸制的習慣統治法規」。〔註18〕周禮的目的，在於協調「君臣朝廷尊卑貴賤之序，下及黎庶車輿衣服宮室飲食嫁娶喪祭之分」，使「事有宜適，物有節文」，〔註19〕通過維護人與人之間的尊卑等級來維護社會的秩序。

周人強調「以德配天」，至少包含有兩層意味，第一層意味是，在「神」與人之間，周人更強調人事；第二層意味是，以德配天是周天子的特權，「天」的意志是周王權力的終極依據，而「德」則是周王「克配天命」的現世依據，因此，像殷商時代的「神人以和」一樣，西周的「德」，爲以周天子爲首的統治集團所壟斷。吉服之五服，正是「德」得以彰顯的重要標誌之一，《尚書‧皋陶謨》所謂「天命有德，五服五章哉」。如此，作爲「有德」之標誌的「五服」，便爲以周天子爲首的統治集團所專有。這便產生了「服」與衣的區別：「人」與「民」、君子和小人、天子與黎民都需要穿衣以取暖遮羞，衣是人與動物區別的標誌；而服則又進一步將人作出了尊卑貴賤的區分。服與衣的區分，是貴與賤的區分，是「人」與「民」的區分，也是以周天子爲首的統治集團成員與黎民的區分。

同樣是「有德」，德又各有等差，同樣是統治者，統治集團內部也是尊卑異等，因此同樣是服，又有五服之分。僞孔《傳》釋《尚書‧皋陶謨》的「五服五章」說：「五服，天子、諸侯、卿、大夫、士之服也。尊卑彩章各異，所以命有德。」孔穎達《正義》進一步解釋說：「天命有德，使之居位，命有貴賤之倫，位有上下之異，不得不立名，以此等之，象物以彰之。先王制爲五

〔註17〕王國維《釋禮》，氏著《觀堂集林》，河北教育出版社2001版，第177頁。
〔註18〕李澤厚《中國古代思想史論》，人民出版社1986版，第10頁。
〔註19〕《史記‧禮書》。

服，所以表貴賤也。服有等差，所以別尊卑也。」〔註20〕在孔穎達的解釋中，「表貴賤」與「別尊卑」是兩個不同的區別層次：「表貴賤」，說的是衣與服的區別；「別尊卑」，說的則是服與服間的區別。關於五服之別，朱熹說得更為清楚明白。《朱子語類·尚書一》說：「天命有德，五服五章哉。……若德之大者，則賞以服之大者。德之小者，則賞以服之小者。」〔註21〕

作為周代吉服重要組成部分的冕服，其五服的最顯明的區分標誌之一，是衣裳上章紋數目的差異。天子最隆重的祭服為十二章冕服（參見附圖七、附圖十）。所謂十二章，是指祭服上十二種圖案，也叫章紋。十二章的記載，最早見於《尚書·益稷》。《尚書·益稷》中記載舜對禹說：「予欲觀古人之象，日、月、星辰、山、龍、華蟲，作會；宗彝、藻、火、粉米、黼、黻，絺繡，以五采彰施于五色，作服，汝明。」這段話裏提到古帝王上衣所繪的六種圖案，即日、月、星辰、山、龍、華蟲，和下裳上所繡的六種圖案，即宗彝、藻、火、粉米、黼、黻，合起來是十二種，這十二種紋樣就是後來所謂的「十二章」。這十二章圖案，就是吉服之五服的章紋，並成為後世帝王貴族身份的重要標誌。

十二章紋並非純審美的裝飾圖案，按照《尚書·益稷》的說法，十二章圖案為「古人之象」，是上古已有的服飾圖案。《尚書·皋陶謨》則說，「天命有德，五服五章哉。」將德與作為古人之象的章紋聯繫起來，而上古之「德」，則又跟氏族的圖騰觀念有關，因此可以推知，十二章紋，極有可能便是上古時期各氏族的圖騰紋樣，在上古之後，夏朝之後，與大一統國家的建立相適應，十二章紋也被統一到天子所用祭服之上。到了西周，「德」的含義發展為周王的政行懿德，與此相應，十二章紋所蘊含的跟圖騰物有關的神性逐漸消失，逐漸成為人間天子德行的象徵，從此，十二章紋各有取義，分別代表不同的人的品格。對於十二章紋所象徵的道德意義，後世儒者各有解釋，其中以宋代蔡沈的解釋最有代表性。蔡沈《書經集傳》卷一說：「日、月、星辰，取其照臨也；山，取其鎮也；龍，取其變也；華蟲，雉，取其文也；宗彝，虎蜼，取其孝也；藻，水草，取其潔也；火，取其明也；粉米，白米，取其養也；黼，若斧形，取其斷也；黻，為兩己相背，取其辨也。」〔註22〕

〔註20〕〔漢〕孔安國傳、〔唐〕孔穎達疏《尚書正義》，〔清〕阮元校刻《十三經注疏》本，中華書局 1980 年版，第 27 頁。

〔註21〕〔宋〕黎靖德編《朱子語類》，中華書局 1986 年版，王星賢點校，第 2020 頁。

〔註22〕〔宋〕蔡沈《書集經傳》，天津古籍書店 1988 年影印《四書五經》本，第 18 頁。

　　十二章紋既然分別象徵統治者的不同德行和品格，那麼其數量依次減少，其所象徵的德行和品格也隨之減少，而不同等級的差異，也就由此而生。東漢鄭玄注《尚書・益稷》說：「此十二章爲五服，天子備有焉，公自山、龍而下，侯伯自華蟲而下，子男自藻、火而下，卿大夫自粉米而下。」就是說，只有天子的衣裳上，才可以有十二章紋，公的衣裳上只能用從山、龍以下的章紋，也就是九章紋，因爲前三章紋，也就是日、月、星辰照臨下土的品格，只有天子才能與之相配。侯伯只能用華蟲以下的章紋，也就是七章，子男、卿大夫的章紋依次遞減。由此可見，不同形制的冠服，其差異不僅僅在於圖案多少，更在於其背後象徵意義的差異及這種差異所昭示的等級秩序，如果違背服制，就是僭越，不僅是對禮儀制度的破壞，更重要的是對社會等級秩序的破壞。

　　如果說，西周之前，人與自然、社會三者間的關係，集中表現爲神人關係；從西周開始，人與自然、社會的關係，則集中表現爲天人關係。西周之前，對神人關係的理想是「神人以和」；西周之後，對天人關係的描述則是「以德配天」。「神人以和」，固然以人人相和的氏族凝聚力爲基礎，最終指向卻還是神人關係；「以德配天」，出發點雖然是人與天的關係，天命卻只是被拿來增添人世統治的神聖意味，而人間統治者的統治依據卻變成德行，因此「以德配天」之「天」，與其說是具有超驗的神性色彩的天，不如說是具有一定秩序和運行規則的自然之天和世俗倫理道德之天。在「神人以和」的關係中，圖騰物（主要表現爲圖騰動物）是溝通神人的媒介；在「以德配天」的關係中，「德」最終取代了圖騰物，成爲聯繫天人的中樞。與此相應，從西周開始，包括冕服在內的吉服，原有的神性逐漸消失了，其形制、圖案、顏色等形式因素，統統成爲「德」的象徵。最高的「德」，作爲「奄有天下」的統治依據，爲最高統治者所專有，最高統治者以下，德又按照尊卑等級有了大小之別，地位越尊貴，德行便越高尚，與地位、德行相應的服飾便越華美鮮明，位高則德盛，德盛則服尊，「德彌盛者文彌縟，德彌彰者人彌明。大人德擴，其文炳；小人德熾，其文斑。官尊而文繁，德高而文積」，〔註23〕於是，通過華美程度不等的服飾，便可以「表德勸善」並進而區別尊卑等級了。「追（雕）琢其章，金玉其相。勉勉我王，綱紀四方」，〔註24〕統治者錯彩鏤金、滿眼文繡

〔註23〕王充《論衡・書解》。
〔註24〕《詩經・大雅・棫樸》。

的服飾，是「綱紀四方」、統治天下的需要，所謂「爲人主上者不美不飾之不足以一民也」，「必將錭琢刻鏤，黼黻文章，以塞其目」。〔註25〕由此，對於吉服，形成了以繁縟繡繢、鋪張華麗爲美的正面審美判斷標準。《禮記·禮器》在對服飾的華美繁複程度從等級上作出規定的基礎上，強調了以華美爲特徵的服飾之「文」的重要性：「天子龍袞，諸侯黼，大夫黻，士玄衣纁裳；天子冕，朱綠藻，十有二旒，諸侯九，上大夫七，下大夫五，士三：此以文爲貴也。」

西周冕服的這種以絢麗爲美的審美傾向，直接影響了春秋時代以《論語》爲代表的原始儒學對「文」的重視，「文猶質也，質猶文也，虎豹之鞟猶犬羊之鞟也」，〔註26〕虎豹與犬羊的區別正在於有無色彩斑爛的毛色，去掉毛色，虎豹的皮和犬羊的皮就沒有區別了。孔子及其弟子對於作爲形式美的「文」的重視，爲漢代王充所發揮，《論衡·超奇》篇說：「人之有文也，猶禽之有毛也。」《論衡·量知》篇說：「繡之未刺，錦之未織，恒絲庸帛，何以異哉？加五綵之巧，施針縷之飾，文章炫耀，黼黻華蟲，山龍日月。學士有文章之學，猶絲帛之有五色之巧也。」而劉勰在《文心雕龍·情采》也強調了形式美的重要性：「聖賢書辭，總稱文章，非采而何？夫水性虛而淪漪結，木體實而花萼振：文附質也。虎豹無文，則鞟同犬羊；犀兕有皮，而色資丹漆：質待文也。」〔註27〕

（三）稱情立文——喪服以斬衰苴履表現哀痛之情

正如「德」之彰顯，在于吉服之五服，「孝」之規範，則在於喪服之五服。喪服制是以嫡長子繼承制爲核心的宗法制的產物，王國維《殷周制度論》指出：「周人制度之大異於商者，一曰立子立嫡之制，由是而生宗法及喪服之制，並由是而有封建子弟之制、君天子臣諸侯之制……此數者皆周之所以綱紀天下。」「《喪服》之大綱四：曰親親，曰尊尊，曰長長，曰男女有別。無嫡庶，則有親而無尊，有恩而無義，而喪服之統紊矣。故殷以前之服制，就令成一統系，其不能如周禮服之完密，則可斷也。」〔註28〕

〔註25〕《荀子·富國》。
〔註26〕《論語·顏淵》。
〔註27〕〔南朝梁〕劉勰《文心雕龍》，范文瀾注本，人民文學出版社 1958 年版，第537 頁。
〔註28〕王國維《觀堂集林》，河北教育出版社 2001 版，第 288 頁、294 頁。

　　宗法社會的關鍵，在於「把父、長子關係爲縱軸、夫婦關係爲橫軸、兄弟關係爲輔線，以劃定血緣親疏遠近次第的『家』，和君臣關係爲主軸、君主與姻親諸侯的關係爲橫軸、君主與領屬卿大夫的關係爲輔線，以確定身份等級上下的『國』重疊起來」。在這種家國重疊的社會結構中，血緣之親疏遠近次第，與身份之尊卑等級上下密切關聯，相互對應。「周代禮制的核心，是確立血緣與等級之間的同一秩序，由這種同一秩序來建立社會的秩序。」〔註29〕作爲這種宗法關係的物化形態，喪服五服制與其說是要通過惡劣的服飾、簡單的飲食等對一切感官享樂的摒棄，來表達喪失親友、君主的哀慟之情，不如說是要通過服飾的惡劣粗糙程度及服期的長短，來規範不同身份的服喪者的感情，並通過被規範之後的哀痛之深淺輕重，來規定和標誌血緣的親疏遠近次第和身份的尊卑等級上下。因此，喪服五服制之規定，固然是「稱情而立文」，〔註30〕以父子兄弟夫婦之間的血緣親情爲其合理依據，但是喪服的本質，更在於通過五服之重輕，來規範哀痛之深淺，表現禮儀之隆殺，又由哀痛之深淺、禮儀之隆殺，來確定和標誌服喪者及死者的身份地位。宗法社會不僅強調宗族內要分別出親疏遠近，更要根據親疏遠近判定出等級尊卑來，喪服的五服除了代表生者與死者的親疏關係，更重要的意義在於它是宗族內人們身份和地位的反映，親疏不獨是血緣關係的遠近，也是政治地位上的等級，這樣，喪服五服所標誌的親疏遠近，實際上也可以看作等級尊卑的反映。現存《小戴禮記》共 49 篇，其中論述喪服制度的至少有 13 篇，由此也可見出喪服制對於「禮治」的重要意義。喪服除了標誌親屬血緣關係的親疏等級，也被用來「表示單向的政治等級關係。這種等級關係的喪服服飾一般僅限於斬衰、齊衰兩大等級，如臣爲君著斬衰服，民爲君著齊衰服，而且在政治關係中的著喪服是一種沒有反饋的著服行爲，即沒有君爲臣（除君爲貴臣外）、君爲民的回報行爲。」〔註31〕

　　根據王國維《殷周制度論》的分析，喪服制產生於西周，其後，「經過孔子的系統加工，特別是發明了『三年喪』的內容後，才形成一套嚴密的宗法等級系統，並被此後兩千多年的封建社會奉爲經典」。〔註32〕最早記載喪服服

〔註29〕葛兆光《中國思想史》（第一卷），復旦大學出版社 2001 年版，第 35 頁。
〔註30〕《禮記‧三年問》。
〔註31〕丁凌華《中國喪服制度史》，上海人民出版社 2000 年版，第 10 頁。
〔註32〕參見丁凌華《中國喪服制度史》，上海人民出版社 2000 年版，第 5～6 頁。

飾制度的是《儀禮·喪服》，其中記喪服之五服，包括即斬衰、齊衰、大功、小功、緦麻五種服制，是人們在弔唁、守孝活動中根據自己與死者親疏關係的不同而分別穿用的五種服飾。根據《儀禮·喪服》，喪服五服形制主要爲：

「斬衰」，用最粗的麻布製成，所謂斬，是指露著衣服邊側的斷口，以表示內心悲痛，無心修飾邊幅。兒子、未嫁女爲父母，諸侯爲天子，父爲嫡長子，妻爲夫，妾爲君（家長），公卿、大夫的眾臣爲其主人等都要服斬衰。斬衰爲禮最重，需要服喪三年；

「齊衰」，用粗麻布製成，所謂齊，指縫齊衣服邊側。子爲母、繼母、庶母服齊衰三年。眾孫爲祖父母，大夫的庶子爲其嫡兄弟，已嫁女爲其父母、妻子爲丈夫的國君、媳婦爲公公、婆婆等服齊衰一年。一族中的男女爲宗子及宗子的母親和妻子，爲有過厚恩的上司及上司的母親和妻子，女子爲曾祖父母等服齊衰三個月。齊衰爲禮，僅次於斬衰；

「大功」，用熟麻布製成。父母爲夭亡的子女、過繼作爲他人後嗣者爲自己的兄弟、妻子爲丈夫的祖父母、伯父母、叔父母等服大功。大功爲禮，次於齊衰，服期一般共爲九個月；

「小功」，用比大功細的熟麻布製成。小功是爲外祖父母、子侄及未婚嫁子女爲姨母等所服，服期一般五個月；

「緦麻」，用緦布製成，可以洗濯使其潔白，但不能加石灰使之爽滑。緦麻是爲曾祖父的親兄弟及其配偶、祖父的堂兄弟及其配偶、父親的從祖兄弟、外甥、舅舅、妻子的父母等所服。緦麻是爲禮最輕的一種喪服，服期一般爲三個月。〔註33〕

事實上關於喪服五服的具體規定，十分複雜。《儀禮》的《喪服》、《士喪禮》，《禮記》的《喪服小記》、《雜記》、《喪大記》、《奔喪》、《問喪》、《服問》、《間傳》、《三年問》、《喪服四制》等，對於喪服的形制、穿著方式、穿著時間等方面的各種細節，都作出了規定。由於規定太過瑣碎，儒者們自己也常常猶疑不定，有時甚至互相批評。這一點《禮記》的《檀弓》、《曾子問》中多有記載。如《禮記·檀弓上》記載：「曾子襲裘而弔，子游裼裘而弔。曾子指子游而示人曰：『夫夫也，爲習於禮者，如之何其裼裘而弔也？』主人既小斂，袒，括髮，子游趨而出，襲裘，帶，絰而入。曾子曰：『我過矣！我過矣！

<hr>

〔註33〕參見《儀禮·喪服》，丁淩華《中國喪服制度史》，上海人民出版社 2000 年版，第 12～87 頁。

夫夫是也。』」就是說，曾子掩好裏面的皮襖去弔喪，而子游則袒露出裏面的皮襖去弔喪，曾子就指著子游對別人批評說：「那個人，還是個熟悉禮儀的人呢，爲什麼露出皮襖去弔喪？」當喪事主人爲死者小斂，並袒露左臂、用麻束髮後，曾子見子游快步出來，掩好裏面的皮襖，腰繫葛帶，頭繫葛絰再進門，這時曾子又說：「我錯了，我錯了，那個人是對的。」對於這一段記載，孔穎達《疏》解釋說，凡弔喪之禮，主人沒有變服之前，弔者可穿平常穿的衣服而弔，主人變服之後，弔者也當變服，因此子游先是著常服而弔（「裼裘而弔」），主人變服後，子游又趨出變服（「襲裘帶絰」）而這是合乎禮節的，所以曾子先是批評子游，後來又承認自己錯了。〔註34〕

　　喪服五服的具體規定雖然複雜，但有四項基本的制定原則，即《禮記‧喪服四制》所說的「有恩，有理，有節，有權」，恩即親情，理即義理，節即節制，權即權變，而恩、理、節、權又被分別與仁、義、理、智一一對應起來，所謂「恩者仁也，理者義也，節者禮也，權者知也。仁、義、禮、知，人道具矣。」〔註35〕如此說來，合乎禮節法度的喪服，即是仁、義、禮、智或者說是人道的具體體現。

　　喪服的五服代表了家族中身份親疏的五個等級，超出五服，就是五世則遷，也就斷了宗法關係。從喪服五服所規定的等級次序中，如子爲父、妻爲夫、父爲嫡長子服最重的斬衰，子爲母、媳婦爲公婆、眾孫爲祖父母服次一等的齊衰，外孫爲外祖父母服又次一等的小功，丈夫爲妻子的父母則只服最輕的緦麻，最能體現出宗法制的父權本質，喪服五服制，其實就是爲了確認君、父、夫及「將代己爲宗廟主」的嫡長子的地位和權力。這樣，每個人在宗族內的身份地位，也就在喪服的形制和穿脫中彰顯出來，而不同形制的喪服，也就把每個個體固定到了一個尊卑有序、秩序井然的宗族體系中去。

　　漢代之前，關於喪服的規定已十分繁瑣苛細，喪服制度已經比較完善，但是喪服制的諸項規定依然屬於儒家學派的理論範疇，到了漢代，經過漢文帝遺詔、漢武帝在皇室及公卿士大夫中的強制推行，以及漢宣帝石渠閣會議以後，喪服制逐漸上昇爲國家意志。其後，喪服服飾的規定更加繁瑣。喪服服飾的複雜化反映了中國古代等級制度的嚴密性與細緻性，這種嚴密與細緻

〔註34〕〔漢〕鄭玄注、〔唐〕孔穎達疏《禮記正義》，〔清〕阮元校刻《十三經注疏》本，中華書局 1980 年版，第 57 頁。
〔註35〕《禮記‧喪服四制》。

的等級性正是封建正統文化的主要特徵之一。〔註 36〕

　　守喪者與死者的宗法血緣關係越近，或者守喪者與死者的尊卑等級差距越大時，所要穿的喪服也就越重，所表達的哀戚之情也就越重。喪服越重，質料就越惡劣，做工就越粗糙，喪服五服中，爲禮最重的「斬衰」，用最粗惡的雌麻（苴麻）織成，《儀禮・喪服》稱「（斬）衰三升、三升有半」，「升」又稱爲「稷」，指在一定寬度的布幅內所織麻縷的股數。在一定寬度的布幅內，「升」數越少，麻縷越粗，織成的布料就越粗，「升」數越多，織成的布料就越細，《論語・子罕》篇載：「麻冕，禮也；今也純，儉，吾從眾」，朱熹《集注》：「麻冕，緇布冠也。純，絲也。儉，謂省約。緇布冠，以三十升布爲之，升八十縷，則其經二千四百縷矣。細密難成，不如用絲之省約。」〔註 37〕周代布幅寬度一般爲二尺二寸左右，周代一尺約合今 23 釐米，二尺二寸約合今天的 50 釐米，做緇布冠的麻布要達到 30 升，相當於在 50 釐米寬的布幅上排列經線 2400 股，固然是細密耗工，而做斬衰的麻布僅爲三升或三升半，也就是在 50 釐米寬的布幅上排列經線 240 或 280 股麻縷，相比之下，又顯得過於粗劣了，成爲古代文獻所載最爲粗劣的布。服「斬衰」時，男子不定期要戴喪冠（又稱壓冠），女子要用喪髻；頭上要繫用麻繩編成的「首絰」；腰上要紮麻繩編成的「腰絰」；腳上穿用草編成的「菅履」；手中需要拄一根被稱作「苴杖」的拄杖，以表示哀慟至極，無法站立。

　　與「斬衰」所用麻布比起來，「齊衰」質料的惡劣程度則要輕一些，採用雄麻（枲麻）織成的四升麻布（即約 50 釐米布幅上排列經線 320 股麻縷），在製作上，比起斬衰的不繰邊，齊衰則需要繰邊；斬衰、齊衰都要用生麻布，而「大功」以下則用經過鍛治的熟麻布，「大功」麻布密度可以達到八至九升；「小功」麻布密度可達十至十一升；「緦麻」所用麻布密度則可達十五升，已經是細麻布了。〔註 38〕

　　《禮記・三年問》解釋「斬衰」服期三年時說：「三年者，稱情而立文，所以爲至痛極也。」按照儒家的解釋，喪服五服是根據服喪者的哀慟之情加

〔註 36〕參見丁凌華《中國喪服制度史》，上海人民出版社 2000 年版，第 4 頁、11 頁、101～113 頁。

〔註 37〕朱熹《論語集注》，《四書集注》本，陳戌國點校，嶽麓書社 1987 年版，第 158 頁。

〔註 38〕喪服五服的具體服飾形制，參見丁凌華《中國喪服制度史》，上海人民出版社 2000 年版，第 12～99 頁。

以規定的，而這種哀慟之情又以服喪者與死者之間宗法血緣的親疏遠近爲依據：宗法血緣關係越近，哀慟之情就越重，所穿喪服就應該越粗劣。在這裡，斬衰苴屨的喪服，實際上是「以負面審美價值的物化形態來表達哀傷情感」，喪服五服的「稱情而立文」，則是服喪者根據與死者親疏遠近的宗法血緣關係，「以服喪者對自己個體生命的感官正常需求的苛嚴克制乃至痛苦戕賊這種負面審美價值的特殊方式」，「來表達不同等次的輕重長短的哀傷悲戚之情」。〔註39〕

　　「稱情而立文」，斬衰苴屨的喪服，既是對親人故去的哀慟之情的表達，更是對這種哀慟之情的規範，在情感的表達中，還要服從禮的制約，即所謂「發乎情，止乎禮義」，「樂而不淫，哀而不傷」。與喪服五服相對應的，是感情哀痛的深淺程度，哀痛程度與喪服輕重程度一致，「顏色稱其情，戚容稱其服」，〔註40〕才算合乎禮制，哀痛程度不夠的，固然要受譴責甚至被懲罰，哀戚過制的，也同樣要被譴責，而據《禮記・檀弓上》記載，孔鯉爲被休棄了的親生母親服喪，超過了禮制規定的喪期，就被孔子責爲「其甚也」，而孔鯉被責備之後，也立即除服，表示知錯。其後，到了孔子之孫子思伋的時代，孔氏乾脆「不喪出母」，當子思的兒子子上白被休棄的母親去世之後，子上不爲她服喪，子思向學生解釋說：「爲伋也妻者，是爲白也母；不爲伋也妻者，是不爲白也母。」〔註41〕就是說，做子思的妻子，就還是子上的母親，被休棄而出不做子思的妻子了，就不是子上的母親了。不服喪，如果表現出哀戚之情，就是對活著的父母的不孝。在這裡，以宗法血緣關係爲依據的喪服五服，既是對人倫情感的抒發和表現，更是對人的自然情感的節制和規範。

二、服飾符號系統中的組合關係與聚合關係

　　周公制禮作樂之後，禮的範圍由祭祀鬼神之事擴大爲人倫的各種規範以及關乎政教的各種典章制度。「樂者爲同，禮者爲異。同則相親，異則相敬。樂勝則流，禮勝則離。合情飾貌者，禮樂之事也。禮義立，則貴賤等矣；樂文同，則上下和矣」。〔註42〕禮的作用在於別異，也就是區分人的貴賤等級、

〔註39〕蔡子諤《中國服飾美學史》，河北美術出版社2001年版，第152頁、155頁。
〔註40〕《禮記・雜記下》。
〔註41〕《禮記・檀弓上》。
〔註42〕《禮記・樂記》。

尊卑長幼以及親疏遠近；樂的作用則在於求同，也就是在別異的基礎上使上下和順、長幼親愛，使人與人之間和睦相處，所謂「禮義立，則貴賤等矣；樂文同，則上下和矣。」〔註43〕人們在談到禮的作用的時候，強調的多是禮之「別異」的社會功能，而將「和同」歸結到樂對人情感的激發和規範的作用上，事實上，禮之作用，既在「別」，也是爲了「和」。一方面，禮之「別」，是別男女、別親疏、別尊卑、別長幼，所謂「有男女，然後有夫婦。有夫婦，然後有父子。有父子，然後有君臣。有君臣，然後有上下」，〔註44〕禮是在區別尊卑上下的基礎上，使社會秩序化，而秩序化的社會，才是「和」的社會，所謂「物一無文」、「和而不同」，從這一角度看，禮儀之「別」是社會之「和」的前提，社會之「和」是禮儀之「別」的目的；另一方面，個體的人，只有按照禮制被作出了尊卑上下的社會角色定位和親疏遠近的家庭角色定位之後，才算是社會成員，而個體成員只有在具體的衣食住行、俯仰進退中，非禮毋言、非禮毋視、非禮毋行，才算與社會融和，個體的人，通過對禮的遵循與實踐，來達到親族聯絡、血緣凝聚和文化認同，從而獲得身份的社會認同，從這一角度看，個人對禮儀之「別」的遵守，也是個人達到與社會之「和」的必要途徑。從這兩方面意義出發，《論語·學而》中提出，「禮之用，和爲貴，先王之道，斯爲美，小大由之」。

「中國服飾審美文化的服飾形制、顏色、紋飾、佩飾等形式美特徵，便是『禮樂』文化的鮮明物化形式。」〔註45〕中國古代的服飾既爲禮的表現形式之一，則像禮一樣，服飾也應有「別」與「和」的社會功能：同一社會的人認可相同的服飾規則，服飾將三六九等不同的人編織到社會共同的人際網絡中去，予個人以歸屬感，這是服飾對人的「和」；而服飾作爲禮的一部分，強調的是昭名分、辨等威、分貴賤、別親疏的別異功能，這是服飾對人的「別」。服飾「和」的功能，主要通過社會全體成員遵守某些共同的著裝規範，通過服飾來獲得群體認同感來實現；服飾「別」的功能，則主要通過服飾顏色、質地、圖案、形制的區別來實現。

（一）服飾符號系統中的兩種關係

「所謂文明，始於一種深度模式的建造。也就是說，人們不僅要通過『對

〔註43〕《荀子·樂論》。
〔註44〕《周易·序卦》。
〔註45〕蔡子諤《中國服飾美學史》，河北美術出版社 2001 版，第 14 頁。

象化』的行爲改造這個世界，而且要賦予物質世界以『人化』的意義。」作爲禮制的一部分，服飾需要具備昭名分、辨等威、分貴賤、別親疏的社會功能，而這一社會功能的實現，又必須建立在各種服飾分別被賦予了「人化」的意義的基礎之上。因此，「從這意義上講，服飾是一種符號，它有著『能指』和『所指』的雙重意蘊。」〔註46〕某一特定服飾文化中的各種服飾符號，共同構成一個龐大的服飾符號系統。

按照結構主義符號學的奠基人索緒爾的觀點，意義產生於系統之中，即「在語言狀態中，一切都是以關係爲基礎的」。〔註47〕與語言符號相似，個別服飾符號的意義，也要以它與服飾系統內其他服飾符號的關係爲基礎，不可能離開整個服飾系統而獨立存在。

在語言系統的各種形式關係當中，索緒爾找出兩種最基本的關係，即組合關係（syntagmatic relation，又稱句段關係）與聯想關係（association relation），後來，在丹麥語言學家葉爾姆斯列夫的建議下，聯想關係改稱聚合關係（paradigmatic relation）。組合關係是符號和符號組合起來的關係，也就是一個符號單位與同一序列中的其他符號單位之間的關係；聚合關係則是在同一序列的同一位置上，可以相互替代出現的那些符號之間的關係。索緒爾用建築結構中的類似現象對組合關係與聯想關係加以說明：「一個語言單位可以比作一座建築物的某一部分，例如一根柱子。柱子一方面跟它所支撐的杆椽有某種關係，這兩個同樣在空間出現的單位的排列會使人想起句段關係。另一方面，如果這個柱子是多里亞式的，它就會引起人們在心中把它跟其他式的（如伊奧尼亞式、柯林斯式等等）相比，這些都不是在空間出現的要素：它們的關係就是聯想關係。」〔註48〕

在服飾符號系統當中，也存在著組合與聚合兩種關係，而個別服飾符號，也主要在組合與聚合的兩個軸向上跟其他服飾符號發生關係。個別服飾符號，如帝王的七旒冕冠，與中單、玄衣、纁裳配套，組成周王祀四望山川時所穿的禮服，稱作毳冕。其中，七旒冕冠與中衣、玄衣、纁裳之間的關係，

〔註46〕陳炎、李梅《中國與西方服飾的古代、現代、後現代特徵》，《文藝研究》2005年第8期。

〔註47〕〔瑞士〕索緒爾《普通語言學教程》，高名凱譯，商務印書館1985版，第170頁。

〔註48〕〔瑞士〕索緒爾《普通語言學教程》，高名凱譯，商務印書館1985版，第171頁。

可以看作組合關係；而七旒冕冠與十二旒冕冠、九旒冕冠、五旒冕冠之間的關係，則可以看作是聚合關係（參見書後附表一）。又如，周代諸侯祭宗廟時應穿的服飾為：玄冠（又稱委貌冠）、玄端（一種黑色無紋飾的上衣）、素裳。玄冠、玄端、素裳之間的關係，可以看作是組合關係；而諸侯玄端所配之素裳，與中士玄端所配之黃裳、下士玄端所配之雜裳（前玄後黃）之間的關係，可以看作是聚合關係。簡單地說，就是冠、衣、裳、履之間構成一個簡單的組合關係，而不同的冠，如冕冠、玄冠、高山冠、遠遊冠等，它們之間的關係，則可以看作是聚合關係。

在結構主義語言學中，組合系列與聚合系列被看作最基本的兩個語言軸列，在具體語言情境中，這兩個語言軸列分別呈現為組合段（Syntagma）和聚合系（paradigma）。按照索緒爾的理解，組合段即言語鏈上相鄰的兩個或多個單元的組合；聚合系則是存於人的記憶中的，彼此有一定類似性，因而可在組合段同位置上彼此替代的詞系。組合關係的主要部分是句法關係。聚合關係是潛在的，它信賴心理活動而存在。〔註49〕同樣借用語言學的術語，可以將通過組合關係組合在一起的服飾符號，也稱作組合段；如玄冠、玄端、素裳構成一個組合段；而素裳、黃裳、雜裳等則構成一個聚合系。

中國古代的宗法文化背景，賦予了服飾以「別」與「和」社會功能，使服飾成為調節人與人之間的關係，維護社會秩序的重要手段之一。要實現「別」與「和」的社會功能，不同服飾及不同服飾的組合，就必然要被賦予不同的意義和價值，而個別服飾符號的意義和價值，就在與其他服飾符號的組合關係和聚合關係中表現出來，從而服飾「別」與「和」的社會功能，也就在具體的服飾組合段和服飾聚合系中得以實現。

（二）秩序世界的象徵：西周服飾符號系統中的基本組合規則

正像語言中的組合關係要遵循一定的規則（主要包括語音規則、語義規則和語法規則）一樣，服飾符號中的組合關係中也有一系列規則。中國古代服飾符號的基本組合規則中，最突出的一條是上衣下裳的規定。

新石器時代出現紡織物之後，普遍流行的、較為規範化的服裝，是一種自肩及膝、上下沿平齊的細腰狀 X 形長衣。這種衣服，是用兩幅較窄的布對折拼縫而成，上部中間留口以出頭部，兩側留口以出胳臂，這種衣服無領無

〔註49〕李幼蒸《理論符號學導論》，中國社會科學出版社 1993 版，第 127 頁。

袖，著後束腰，既節省布料，又便於勞作。沈從文將其命名爲「貫頭衣」，十分形象帖切。貫頭衣是一種「籠統化的整體服裝」，〔註50〕沒有裳可以與它形成上下對比的關係，也就無所謂上下之分，正好可以象徵原始社會沒有階級等級的社會狀況。

正如泰勒所說：「衣物決不是憑藉單純的幻想發明的，而是在已經存在的事物之逐漸演變的過程中出現的。」〔註51〕隨著紡織與縫紉技術的發展，貫頭衣加上領、袖，便成爲衣袍；衣袍進一步縮短，於是出現了下裳。衣與裳之間，便構成了一個簡單的組合關係。

文獻中較早記錄上衣下裳這一組合段意義的，是《周易‧繫辭下》：「古者包犧氏之王天下也，仰則觀象於天，俯則觀法於地，觀鳥獸之文，與地之宜，近取諸身，遠取諸物，於是始作八卦，以通神明之德，以類萬物之情。……黃帝、堯、舜垂衣裳而天下治，蓋取諸乾坤。」從技術發展的角度說，隨著絲麻布帛產量的增大，使寬大的衣與裳成爲可能，所以才可能出現「垂衣裳」的客觀情況。因此呂思勉認爲「黃帝、堯、舜垂衣裳而天下治」，是因爲「以前皮衣，其制短小，今衣絲麻布帛，所作衣裳，其制長大，故曰垂衣裳也」。〔註52〕那麼，《周易‧繫辭下》爲什麼說黃帝、堯、舜等上古聖人「垂衣裳」便能「天下治」呢？這跟上衣下裳取象於天地的意義有關係。

《易傳》試圖給出的是一整套宇宙中互相聯繫和變化發展的整體模式，《周易‧繫辭下》說：「《易》之爲書也，廣大悉備，有天道焉，有人道焉，有地道焉。」天、地、人的關係，是天人合一，人與天地自然都遵循著同樣的宇宙法則。在《易傳》中，「觀象」是發現天道的方式，而「取象」則不僅是描述天道的方式，還是根據天道、地道確立人道的具體方式。按照《周易‧繫辭下》的解釋，舉凡一切人世中器具及制度的造作，包括衣裳、房屋、網罟、車馬、舟楫、耕作、集市交易等，都是聖人觀取天道，又據天道造作發明的，因此也可以說都是天造作的。所以朱熹說：「『天敘有典，敕我五典五惇哉。天秩有禮，自我五禮有庸哉。』許多典禮，都是天敘天秩下了，聖人

〔註50〕　參見沈從文編著《中國古代服飾研究》，上海書店出版社2002版，第19頁、23頁。

〔註51〕　〔英〕愛德華‧泰勒《人類學——人及其文化研究》，連樹聲譯，上海文藝出版社1993年版，第220頁。

〔註52〕　呂思勉《中國制度史》，上海教育出版社2005年版，第200～201頁，218頁。

只是因而敕正之，因而用出去而已。凡其所謂冠、昏、喪祭之禮，與夫典章制度，文物禮樂，車輿衣服，無一件是聖人自做底，都是天做下了，聖人只是依傍他天理行將去。如推個車子，本自轉將去，我這裡只是略扶助之而已。」〔註53〕「文者，象也」。〔註54〕天象、地象也是天文、地文，因此，《易傳》觀象、取象以描述天道、又據天道以造作典章制度文物禮樂的方式，也是從天文、地文推及到人文的認識方式，這種認識方式，實際上是用天文、地文來描述人文，是在爲人文尋求一個天文、地文的依據，爲人道尋找天道、地道的依據。

觀象、取象的方式方法具體體現到衣裳的造作上，便是古代聖王觀象於天，〔註55〕觀法於地，發現天道與地道的奧秘之後，又近取象於身，遠取象於物，作八卦以「通神明之德，以類萬物之情」；而上衣與下裳的造作，則是取象於八卦中的乾卦與坤卦的結果。上衣取象於乾天、下裳取象於坤地，其具體表現，《周易集解》引《九家易》解釋說：「衣取象乾，居上覆物，裳取象坤，在下含物也。」〔註56〕衣取象乾，裳取象坤，還在於「乾天在上，衣象，衣上闔而圓，有陽奇象。坤地在下，裳象，裳下兩股，有陰偶象。上衣下裳，不可顛倒，使人知尊卑上下，不可亂，則民自定，天下治矣。」〔註57〕

爲什麼衣取象於天，裳取象於地，便能「使人知尊卑上下」呢？《周易·繫辭上》說：「天尊地卑，乾坤定矣。卑高已陳，貴賤位矣。」中國古代從對自然界天在上、地在下的感性認識出發，賦予天地以上下尊卑的等級結構，於是，天上地下的方位關係變成天尊地卑的等級關係，並成爲社會尊卑等級的最終依據，而上衣下裳的組合段，則成爲這一尊卑上下關係的重要形象體現之一。所以《周易正義》卷八中王弼注說：「垂衣裳以辨貴賤，乾尊坤卑之義也。」孔穎達疏說：「取諸乾坤者，衣裳辨貴賤，乾坤則上下殊體，故云取諸乾坤也。」〔註58〕絕地天通之後，天、地分離，「人」、「民」分別，而天尊地卑，則更明確地強調了社會的尊卑等級秩序，衣上裳下，尊卑上下有別，「垂

〔註53〕〔宋〕黎靖德編《朱子語類》，中華書局1986年版，第2020頁。

〔註54〕《淮南子·天文訓》。

〔註55〕在《周易》中這個聖王爲包犧氏。

〔註56〕〔唐〕李鼎祚撰《周易集解》卷十五，北京市中國書店1984年版，第4頁。

〔註57〕《古今圖書集成·禮儀典》。

〔註58〕〔魏〕王弼、〔晉〕韓康伯注、〔唐〕孔穎達疏《周易正義》，〔清〕阮元校刻《十三經注疏》本，中華書局1980年版，第87頁。

衣裳而天下治」，標誌著社會的有序化、制度化的禮治逐漸成熟了。

與對上衣下裳作出尊卑等級的解釋相似，冠上履下的組合關係也常被用來作爲君尊臣卑的象徵。劉向《說苑》卷十六《談叢》：「冠雖故，必加於首；履雖新，必關於足。上下有分，不可相倍。」《太平御覽》卷六百八十四引《六韜》曰：「冠雖弊，禮加之於首；履雖新，法踐之於地。」《漢書·儒林傳》記載博士黃生論湯、武代桀、紂的性質時也說：「冠雖敝，必加於首；履雖新，必貫於足。」賈誼《新書》卷二《階級》也以「履雖鮮，弗以加枕；冠雖弊，弗以苴履」來說明「尊尊貴貴之化」、「刑不上大夫」的主張。

上衣下裳的組合規則，在西周還只是對男子著裝的規定，女子著裝，則還可以不必區分上衣與下裳。《周禮·天官·內司服》：「掌王后之六服：褘衣、揄狄、闕狄、鞠衣、展衣、緣衣、素沙。」王后的這六種禮服，便是採用上衣與下裳不分的袍式，以「表示婦女貴情感專一」。〔註59〕

在中國古代社會的歷史變革中，有些制度，可以隨歷史沿革而有所改變，「立權度量，考文章，改正朔，易服色，殊徽號，異器械，別衣服，此其所得與民變革者也」，而另有一些原則則不能更改，「親親也，尊尊也，長長也，男女有別，此其不可得與民變革者也」。〔註60〕親親、尊尊、長長、男女有別，維護的是尊卑上下親疏遠近的秩序，每一朝每一代，都應該有尊卑，有上下，有親疏，有遠近，這一點是不可變的原則。上衣下裳、冠上履下作爲服飾符號最基本的組合規則，正是天尊地卑、君尊臣卑的宇宙和社會秩序的象徵，上衣下裳、冠上履下的組合段，被賦予了尊卑等級的象徵意義，是天道和人道的具體形象的表現，所謂「天不變，道亦不變」，天道不變，上衣下裳、冠上履下的組合規則便不能改變。歷史發展，朝代更替，每一朝代的統治者可以根據五德終始說來推定本朝所尙顏色以改易前代祭服顏色，即所謂「易服色」，可以改變作爲尊卑等級具體標誌的各種服飾，即所謂「別衣服」，但是通常不改變象徵著貴賤尊卑秩序本身的上衣下裳的基本組合段。因此，在數千年的歷史中，上衣下裳的組合規則一直被嚴格遵守。如萌生於周代、成熟於戰國的深衣，是一種披在身上的長衣，最初作爲貴族燕居時的常服穿用，後來漸漸演變成貴族禮服，到漢代，既是禮服，又是常服，既可作爲吉服，

〔註59〕黃能馥、陳娟娟《中國服裝史》，中國旅遊出版社1995年版，第26頁。

〔註60〕《禮記·大傳》。

又可作爲喪服，無論男女尊卑都可穿用，所謂「深衣之用，上下不嫌同名，吉凶不嫌同制，男女不嫌同服」，〔註61〕因而成爲中國古代最重要的服飾之一。這種長衣可以採用簡單的上下通裁的方法，但是爲了不違背「上衣下裳」的組合規則，因此在剪裁時，一直保持將上衣和下裳分開裁，然後再合縫在一起成爲長衣。唐代的官服，是在深衣基礎上發展而成的一種袍衫，這種袍衫與深衣最大的不同之處，在於它不再像深衣那樣上下分裁，然後縫合，而是採用上下通裁的方式，爲了保存上衣下裳的古制，唐代官服在「前後襟下緣各用一整幅布橫接成橫襴」，〔註62〕以橫襴象徵原來的下裳，橫襴的起始位置在膝處，膝處以下，又被看作是裳。這樣通過橫襴的設置，就算以變通的方式遵守了上衣下裳的基本組合規則。明代官員的公服，也依然保留這種襴衫的形制。

上衣下裳的組合規則要求越是嚴格，要違背這種規則也就越困難，而違背了這一規則的後果便越嚴重。深衣在剪裁上堅持上下分裁、不通縫、不通幅的原則，算是採用變通的手段遵守了這一規則，又因其便利，因此在沒有遇到任何阻力的情況下，便逐漸被廣爲接受，成爲中國古代兩千多年來最重要的代表服裝之一。與深衣推行之順利形成對比的則是趙武靈王胡服騎射的艱難。就在深衣成熟於南方並逐漸被廣爲接受之時，公元前307年，「趙武靈王十九年，初胡服」。〔註63〕趙武靈王時期，位於西北的趙國經常與東胡、樓煩發生戰爭，這兩個游牧民族多穿短衣長褲、束革帶、穿靴，便於騎馬射箭，而華夏傳統服飾中，衣、裳都比較寬大，裳分前後兩片，裳下通常著絝，《說文解字》說：「絝，脛衣也。」段玉裁注曰：「今所謂套絝也，左右各一，分衣兩脛。」〔註64〕這種脛衣與今天運動員的護腿相似，有褲腿而無襠，這些特點，都不利於騎馬，只能駕車，而只駕車不騎馬，又無法進入山谷地帶與敵作戰，因此，改革服裝的現實要求十分迫切。趙武靈王的胡服騎射，是將無襠的傳統套褲，改成用前後襠將兩條褲管連爲一體的合襠長褲，以避免騎馬時大腿及臀部皮膚摩擦受傷，同時不再在褲外加裳，使行動更加便利。王國維分析趙武靈王胡服騎射說：「古之褻衣亦有襦袴……然其外必有裳。若深

〔註61〕〔宋〕衛湜《禮記集說》卷一百四十五引藍田呂氏說，《文淵閣四庫全書》本。
〔註62〕黃能馥、陳娟娟《中國服裝史》，中國旅遊出版社1995年版，第148頁。
〔註63〕《史記·六國年表》。
〔註64〕〔清〕段玉裁《說文解字注》，上海古籍出版社1988年版，第654頁。

衣以覆之，雖有襦袴不見於外，以袴爲外服，自袴褶服始。然此服之起，本於乘馬之俗，蓋古之裳衣本乘車之服，至易車而騎，則端衣之聯諸幅爲裳者，與深衣之連衣裳而長且被土者，皆不便於事。趙武靈王之易胡服，本爲習騎射之計，則其服爲上褶下褲之服可知」。〔註65〕這其實是廢棄了傳統的上衣下裳，將原來的內衣外穿，尤其是將裳下的內褲外穿，這完全違背了傳統禮制。因此，儘管已經到了不實行胡服騎射便要「亡社稷」的危急時刻，趙武靈王在提出變易服裝之前，還是有許多擔憂：「世必議寡人」，「恐天下笑我也」，「負遺俗之累」，「遺俗之累」，《史記正義》解釋：「負，留也。言古周公、孔子留衣冠禮義之俗，今變爲胡服，是負留風俗之譴累也。」〔註66〕趙武靈王在最初提出「吾欲胡服」時，果然遭到了幾乎全體大臣的強烈反對，公子成認爲趙武靈王是「變古之教，易古人道，逆人之心，而佛學者，離中國」。儘管趙武靈王堅持胡服騎射之後，很快便在戰事上取得了很大的成績，但是到公元前302年（周赧王八年、趙武靈王二十四年），又不得不再次下令強制改穿胡服，可見胡服騎射的改革進程並不順利。直到趙武靈王胡服騎射五百多年後，據《三國志·魏書·崔琰傳》記載，魏文帝曹丕爲太子時，易服穿褲褶出去田獵，崔琰仍然諫勸他不應「猥襲虜旅之賤服」，曹丕也只能做罷。

（三）具體等級的標誌：西周服飾符號體系中的聚合關係

西漢賈誼《新書·服疑》曰：「奇服文章，以等上下而差貴賤。是以高下異，則名號異，則權力異，則事勢異，則旗章異，則符瑞異，則禮寵異，則秩祿異，則冠履異，則衣帶異，則環佩異……貴賤有級，服位有等」，「是以天下見其服而知貴賤，望其章而知其勢位。」不同的冠履、不同的衣帶、不同的環佩，昭示著不同的等級和地位。如果將各式各樣的冠冕、鞋履、衣帶、環佩分別看作冠冕的聚合系、鞋履的聚合系以及衣帶的聚合系、環佩的聚合系的話，那麼，就可以說，社會的尊卑貴賤等級，需要在服飾符號的聚合關係中得以具體體現。因此，如果說，上衣下裳、冠上履下作爲服飾符號最基本的組合規則，是天尊地卑、君尊臣卑的宇宙和社會秩序的象徵；那麼，具體的尊卑貴賤等級，則主要依靠具有聚合關係的服飾符號來進行區分，具有聚合關係的服飾符號之間的區別，成爲不同社會等級的重要外在標誌。

〔註65〕王國維《胡服考》，氏著《觀堂集林》，河北教育出版社2001年版，第667頁。
〔註66〕〔唐〕張守節《史記正義》，〔漢〕司馬遷《史記》，中華書局1962年版，第1807頁。

　　在周代，比較嚴密的服飾制度，是關於冕服的規定。根據衣裳上所繡繢章紋數目的多少，冕服可分作十二章、九章、七章、五章等級別。冕服的尊貴程度，隨著章紋數目的減少而遞減，而社會的尊卑等級，就在十二章、九章、七章等不同衣裳之間所構成的聚合關係中體現出來。冕服穿用的具體規定方式，《周禮・春官・典命》記載：「上公九命爲伯，其國家、宮室、車旗、衣服、禮儀，皆以九爲節。侯伯七命，其國家、宮室、車旗、衣服、禮儀，皆以七爲節。子男五命，其國家、宮室、車旗、衣服、禮儀，皆以五爲節。」也就是說，公的都城、車騎、衣服、禮儀等都以九爲節度；侯、伯以七爲節度；子、男以五爲節度。據此，公之冕服爲九章；侯、伯冕服爲七章；子、男之冕服爲五章。由於日、月、星辰、山、龍、華蟲、宗彝、藻、火、粉米、黼、黻十二章各有象徵意義，因此，公之冕服的九章，侯、伯的七章，子、男的五章，不能從十二章當中任選，只能按照十二章紋的順序，從後向前截取合乎禮儀的章數。所以，《尚書・益稷》孔穎達《正義》引鄭玄注說：「此十二章爲五服，天子備有焉，公自山、龍而下，侯伯自華蟲而下，子男自藻、火而下，卿大夫自粉米而下。」〔註67〕就是說，只有天子的衣裳上，才可以有十二章紋，而日、月、星辰照臨下土的品質，只有天子才能具備，因此，公的衣裳上按照禮儀，不能有日、月、星辰，而最多只能用從山、龍以下的九章；侯、伯最多只能用華蟲以下共七章；子、男最多只能用藻、火以下共五章；卿大夫只能用粉米以下共三章。

　　冕服的重要組成部分冕冠，是古代最尊貴的禮冠。天子的冕冠，是在一個圓筒式的帽卷上覆蓋一塊長方形冕板，冕板上塗玄色象徵天，下塗纁色象徵地，前後各懸十二旒，因此《禮記・玉藻》載：「天子玉藻十有二旒。」在周代，跟冕服的章紋數目規定相似，公之冕冠只能用九旒，每旒貫玉九顆；侯、伯只能用七旒，每旒貫玉七顆；子、男只能用五旒，每旒貫玉五顆。

　　冕服的穿用，又有「上得兼下，下不得僭上」的規定。〔註68〕如天子除了可穿十二章的冕服，還可以根據所參加典禮的隆重程度，穿用九章、七章、五章等冕服。《周禮・春官・司服》：「掌王之吉、凶衣服，辨其名物與其用事。王之吉服，祀昊天上帝，則服大裘而冕；祀五帝，亦如之。享先王，則袞冕；

〔註67〕　〔漢〕孔安國傳、〔唐〕孔穎達疏《尚書正義》，〔清〕阮元校刻《十三經注疏》
　　　　　本，中華書局1980年版，第30頁。

〔註68〕　參見《尚書正義》僞孔安國《傳》，上書第29頁。

享先公，饗、射，則鷩冕；祀四望山川，則毳冕；祭社稷五祀，則希冕；祭群小祀，則玄冕。」十二章吉服配上玉藻十二旒的冕冠，叫作大裘冕，天子只有在祀昊天上帝、祀五帝等最隆重的場合才能穿用。天子在舉行其他祭祀時，要按照典禮的輕重，依次減少衣裳的章紋和冕旒的數目，結果就形成包括大裘冕在內的六種冕服，又稱六冕。如祭享先王，服袞冕，衣裳共有自山、龍以下的九章紋，冕冠玉藻十二旒；祭享先公，則服鷩冕，衣裳共有自華蟲以下的七章紋，冕冠玉藻九旒；祭祀四望山川，則服毳冕，衣裳共有自宗彝以下的五章紋，冕冠玉藻七旒；祭祀社稷、五祀，則服希冕，衣裳上共有自粉米以下三章紋，冕冠玉藻五旒；祭群小祀，則服玄冕，玄冕衣上無畫繡，為玄色，裳上只繡一章紋，即最後的黻紋，冕冠玉藻三旒。在周代，若公侯貴族與周天子一起參加祭祀，則公爵冕服要比天子冕服降一級使用，如天子衣裳用十二章，公爵衣裳則用九章，侯、伯就用七章，子男用五章；如天子用九章，公爵則用七章，以下遞減。不同的儀式，穿用不同等級的冠服，標誌著被祭祀的神祇和先祖等級次序的不同，同時，神祇先祖的等級秩序，也是人間社會秩序的折射。按照制度穿用冠服，即是對這兩種秩序的強調與維護，而社會嚴密複雜的尊卑等級秩序，就在十二章、九章、七章、五章、三章禮服之間所形成的聚合關係中體現出來。

在中國古代服飾符號系統中，雖然要用具有聚合關係的服飾符號來標誌尊卑等級，即以具體的服飾等差及藻色輕重辨彰貴賤、顯明尊卑，子、男穿用了侯、伯的衣冠，公爵穿用了天子的衣冠，便是僭越躐等，有可能受到處罰。但是，不同的朝代對於標誌尊卑等級的具體服飾又有不同的規定，也就是說，與象徵尊卑秩序的上衣下裳基本組合規則的穩定性不同，中國古代服飾符號系統中用來標誌等級差別的同一聚合系的服飾符號，常常隨著時代的變遷而發生改變。

如冕冠的形制，前面已提到周代天子所用的十二旒冕冠與公爵所用的九旒冕冠，侯、伯所用的七旒冕冠及子、男所用的五旒冕冠構成一個聚合系，周代貴族的不同級別，就由這個聚合系中的不同服飾符號來標誌。而秦漢之後，社會結構由周代的家國一體的大一統模式轉變為家國同構的大一統模式，此時，冠服制度的主要目的，是在於區分各級官吏間職位的高低等級差別，不再是周代的通過冠服來區別由宗法血緣關係所決定的尊卑貴賤。東漢時，區分等級的冠主要為進賢冠，通過冠前豎著的帽梁數目來區分等級。《後

漢書・輿服志下》載：「進賢冠，古緇布冠也，文儒者之服也。前高七寸，後高三寸，長八寸。公侯三梁，中二千石以下至博士兩梁，自博士以下至小史私學弟子，皆一梁。宗室劉氏亦兩梁冠，示加服也。」根據《晉書・輿服志》，晉時進賢冠有五梁、三梁、二梁、一梁之分；皇帝冠五梁進賢，三公及封郡公等冠三梁，卿、大夫、八座尚書，關中內侯、二千石及千石以上冠兩梁，中書郎、秘書丞郎、著作郎、六百石以下至於令史、門郎等並冠一梁。〔註69〕通過進賢冠的梁數來區分貴賤等級，一直延續到明代，演變爲梁冠，規定更加細密：一品官冠七梁，二品六梁，三品五梁，四品四梁，五品三梁，六品與七品二梁，八品與九品一梁。周代之後，冕冠的應用越來越少，如據《宋書・禮志五》，劉宋時，只有公卿爲皇帝助祭於郊廟，才用冕冠，而「王公八旒，卿七旒」，也與周代時公侯冕旒數目的規定大不相同。〔註70〕隨著冕冠使用的減少，冕冠漸漸成爲帝王的專利，「冕旒」遂成爲帝王的代稱，因此王維《和賈至舍人早朝大明宮之作》才會說：「九天閶闔開宮殿，萬國衣冠拜冕旒」。

　　作爲天尊地卑、君尊臣卑的宇宙和社會秩序的象徵，上衣下裳的基本的組合規則，關乎社會全體成員的著裝方式，是社會全體成員都必須遵守的服裝組合規則，上自天子、下至百姓，共同遵守這一著裝規則，便意味著承認這一共同的價值判斷體系。相同的服飾基本組合規則，共同的價值判斷體系，將不同的社會個體凝聚成一個整體，這是服飾之「和」。

　　作爲尊卑等級的具體標誌，具有聚合關係的不同服飾符號，將社會整體中的人又區分爲三六九等，使人各循其度，使社會尊卑有序，這是服飾之「別」。然而，另一方面，由於「中國人以群體爲本位，個人的價值主要不取決於其自身的能力和財產，而是由其在家族和社會中的地位來決定的。因此，每個人都應根據自己特定的身份和地位，選擇特定的行爲方式，對低於自己地位的人應該怎樣表現，對高於自己地位的人應該如何應酬，所謂『世事洞明皆學問，人情練達即文章』」，〔註71〕具體到服飾上，就是每個人的穿衣戴帽，都需根據各自特定的身份和地位，遵循共同的服飾組合規則，選擇特定

〔註69〕〔唐〕房玄齡等《晉書》，中華書局1974年版，第767頁。

〔註70〕〔梁〕沈約《宋書》，中華書局1974年版，第503頁。

〔註71〕陳炎《宗教與準宗教》，《山東大學學報》（哲學社會科學版1987年「復刊號」）。

的服飾打扮，各安其分，才算穿衣得體，而穿衣得體，才能將自己融合進社會整體之中，也就是說，「合群才有『隱形』的安全感和『表現』的合法化」，〔註72〕從這個角度看，這又是「別異」前提下的服飾之「和」。

〔註72〕章亞昕《中國服飾文化與角色心態》，未定稿。

第四章　春秋：「文質彬彬」的服飾審美理想

　　春秋時代，「周道既衰，諸侯恣禮，禮廢樂崩」，[註1] 孔子試圖「通過以『仁』釋『禮』的方式，而爲外在的行爲規範（符號形式）找到內在的倫理準則（價值觀念）的支持」，從而改善「禮壞樂崩」的混亂局面。以仁釋禮，是把「仁」看作內容，將「禮」「看作形式，「利用『亞細亞的古代』未被徹底斬斷的人與人之間的血緣紐帶和親倫關係，在情感上論證『禮』的合理性」。[註2] 與孔子「以仁釋禮」政治倫理思想相對應的，是孔子對個人修養所提出的「文質彬彬」的審美追求。

　　春秋時代的人們，面臨著外在行爲失範和內心秩序紊亂的雙重危機。一方面，「禮崩樂壞」，人們的外在行爲失去規範和秩序，以《論語》爲代表的原始儒家對這一問題的解決，是通過「以仁釋禮」，將宗法血緣親情進一步擴大爲君臣禮義，用愛有等差的親倫之愛來維護宗法家族內部的秩序，又由維護宗法家族內部秩序擴展到維護整個社會的秩序，主張「入則孝，出則弟，謹而信，泛愛眾，而親仁」；主張「其爲人也孝弟，而好犯上者，鮮矣；不好犯上，而好作亂者，未之有也。君子務本，本立而道生。孝弟也者，其爲仁之本與」[註3]。在孔子爲代表的儒家重建「禮樂」文化、維護社會秩序的過程中，個體被看成了社會的一部分，個體對社會的價值要在親子血緣爲基礎

〔註 1〕　〔漢〕司馬遷《史記‧太史公自序》。
〔註 2〕　《陳炎自選集》，廣西師範大學出版社 2002 年版，第 58 頁、28 頁、127 頁。
〔註 3〕　《論語‧學而》。

的人際關係之中實現。另一方面，春秋時期，隨著個體生命意識的開始覺醒，人們面臨著對死亡的恐懼，內心信仰出現危機：「子有衣裳，弗曳弗婁。子有車馬，弗馳弗驅。宛其死矣，他人是愉」；「子有廷內，弗灑弗掃。子有鐘鼓，弗鼓弗考。宛其死矣，他人是保」，於是在對死亡的恐懼和巨大的空虛中，很多人選擇了及時行樂，最大限度地享受有限的生命，「子有酒食，何不日鼓瑟？且以喜樂，且以永日。宛其死矣，他人入室」，〔註4〕在這種時代背景下，孔子也對生命發出了「逝者如斯夫！不舍晝夜」〔註5〕的感歎，但是孔子既沒有主張現世的及時行樂，也沒有到超驗的世界中尋求宗教的安慰，「孔子沒有把人的情感心理引導向外在的崇拜對象或神秘境界，而是把它消溶滿足在以親子關係為核心的人與人的世間關係之中，使構成宗教三要素的觀念、情感和儀式統統環繞和沉浸在這一世俗倫理和日常心理的綜合統一體中，而不必去建立另外的神學大廈」。〔註6〕與重建「禮樂」文化、維護社會秩序所採用的方式一樣，在重建內心和諧的過程中，孔子所選擇的，還是將個體生命的情感與價值通過家族血緣親情進一步融入社會的途徑。

上述兩個問題的解決，都是將個體的人融入社會，解決問題的著眼點都在人與社會、人與人之間的關係上。什麼樣的個人，才能更好地融入社會？孔子提出了「文質彬彬，然後君子」〔註7〕的審美理想。與遠古及商代服飾強調「神」人關係，追求「神人以和」的理想不同，在「文質彬彬」的審美理想中，「神」的因素消失了，「人」的理想在閃耀著理性的光芒；與西周服飾重視調節人與人之間的關係，要在「人人以別」的基礎上達到「人人以和」的社會理想也不同，對「文質彬彬」審美理想的追求，雖然目的是為了完美地融入社會，處理人與人之間的關係，但是「文質彬彬」的審美理想卻是首先將視線落到了個人人格美的追求上，具體到服飾上，「文質彬彬」的審美理想，是將穿著服飾的人本身當做審美對象，而「文」與「質」，則是對這一審美對象結構的分析和描述。

與「以仁釋禮」的政治倫理思想相一致，孔子提出「盡善盡美」、「里仁為美」的美學原則，而「文質彬彬，然後君子」則是「盡善盡美」、「里仁為美」的美學原則在人格美中的具體落實和實現。對於文與質之間的關係，《論

〔註4〕 《詩經·唐風·山有樞》。
〔註5〕 《論語·子罕》。
〔註6〕 李澤厚《中國古代思想史論》，人民出版社1986版，第21頁。
〔註7〕 《論語·雍也》。

語・雍也》中記載：「子曰：『質勝文則野，文勝質則史，文質彬彬，然後君子』。」清劉寶楠《論語正義》曰：「禮，有質有文。質者，本也。禮無本不立，無文不行，能立能行，斯謂之中。」〔註8〕可見，文與質的關係，也就是禮與仁的關係。表面上看，是「文猶質也，質猶文也」，〔註9〕「文」與「質」似乎得到了同樣的強調，是在同等重要的位置上，但是與孔子「以仁釋禮」的思想相聯繫，在「盡善盡美」、「里仁爲美」的美學原則中，孔子用「仁」來定義「美」，並將「善」置於「美」之上，因此，在「文質彬彬」的人格理想中，必然導致對「質」的強調，《說苑・反質》中記載：「孔子卦得賁，喟然仰而歎息，意不平。子張進，舉手而問曰：『師聞賁者吉卦，而歎之乎？』孔子曰：『賁非正色也，是以歎之。吾思夫質素，白當正白，黑當正黑。夫質又何也？吾亦聞之，丹漆不文，白玉不雕，寶珠不飾，何也？質有餘者，不受飾也。』白玉、寶珠因「質有餘也」，便可以「不受飾也」，明確將「質」凌駕於作爲「飾」的「文」之上。《說苑》爲漢代劉向所輯，收錄的多爲戰國時期的資料，對孔子言行的記載未必可信，只能看作是假託孔子及其弟子的言行來闡發某種理論或主張，但《說苑・反質》的這段記載中對質實的強調，卻是對孔子思想的合理發展。在古典美學中，大多數人都將「質」放到了主導地位上，而將「文」放到從屬地位上，《淮南子・本經訓》曰：「必有其質，乃爲之文」，《文心雕龍・情采》曰：「文附質也」。

　　孔子在對服飾之「質」的強調中，又突出了對道德因素的強調。孔子以前，服飾之「文」，主要被用來區分人的尊卑等級，服飾之「質」，主要就是指服飾所標誌的社會身份，而在孔子「文質彬彬」的設想中，除了要求服飾之「文」與人的社會地位相稱之外，還注入了「仁」的內容，格外強調了服飾之「文」與人的德行的關係。在服飾之「質」中，孔子格外強調了道德的因素這種對於道德的強調，與中國傳統詩學中的「比興手法」結合在一起，逐漸發展爲服飾「比德」的傳統。

一、服飾之「文」與服飾之「質」

　　文與質，由孔子最先明確提出，是中國古代描述審美對象結構的一對矛盾統一的概念，通常用來描述審美對象的形式與內容、現象和本質之間的關

〔註8〕〔清〕劉寶楠《論語正義》，《諸子集成》本，第125頁。
〔註9〕《論語・顏淵》。

係。將審美對象分作文與質兩層結構，對於分析書畫等藝術作品來說，太過簡單，但是對於分析先秦服飾美學思想，卻相當有效。事實上，先秦諸子關於服飾的美學思想，基本上是圍繞著文與質的二層結構展開。

（一）「文」與「質」

從廣義上說，文包括了自然、社會中一切事物的感性形式，「三代之時，凡可觀可象，秩然有章者，咸謂之文」。〔註 10〕文既包括自然之「文」，又包括人文之「文」。《周易·賁》之《象》云：「剛柔交錯，天文也；文明以止，人文也。觀乎天文，以察時變，觀乎人文，以化成天下」。「天文」既包括「在天之象」如日月星辰、風雷雲雨之色之形，又包括「在地之形」如山川草木、鳥獸蟲魚之色之形。「人文」，又可稱作「文章」，即孔子稱堯舜「煥乎其有文章」之文章。具體說來，人文就是教化天下的禮樂刑政，凡君臣、朝廷、尊卑、貴賤之序，車輿、衣服、宮室、飲食、嫁娶、喪祭之禮，都屬於人文。在中國古代「天人合一」的哲學背景下，作為自然之文的天文，也被賦予了作為社會之文的人文的意義，而人文的諸項規定，也要受到對天文認識的巨大影響，因此，在中國古代，天文與人文往往密不可分，人文常常從天文中尋求依據，而對天文的解釋，又常常受到人文的制約。從這一意義上說，可以舉人文以賅天文，廣義的文，即可以看作人文。

禮治是中國古代社會政治的基本傾向，周公制禮作樂之後，中國古代社會突出了禮在調節人與人、人與天地宇宙關係中的重要作用，所謂「道德仁義，非禮不成；教訓正俗，非禮不備；分爭辯訟，非禮不決；君臣上下，父子兄弟，非禮不定；宦學事師，非禮不親；班朝治軍，蒞官行法，非禮威嚴不行；禱祠祭祀，供給鬼神，非禮不誠不莊。」〔註 11〕禮的這種「定親疏，決嫌疑，明是非」的功能，是在別異的基礎上實現的，而無論是文字之文、文身之文，還是衣文之文，都是上古先哲「知分理可相別異」的創造成果，〔註 12〕其作用也都在於標識、在於別異。文以別異，禮也在於別異，因此，從這個角度看，文與禮的關係十分密切。古代常常將「禮文」並稱，如《漢書·禮樂志》「周監於二代，禮文尤具」，「不暇留意禮文之事」，〔註 13〕《晉

〔註 10〕劉師培《廣阮氏文言說》。
〔註 11〕《禮記·曲禮上》。
〔註 12〕〔清〕段玉裁《說文解字注》，上海古籍出版社 1988 年版，第 425 頁。
〔註 13〕〔漢〕班固《漢書》，中華書局 1962 年版，第 1029 頁、1032 頁。

書‧禮志中》「其餘居喪之制，不改禮文」等。〔註 14〕然而，文與禮畢竟又有區別：禮所強調的是人倫規範、典章制度本身，而文所強調的則是禮的各種外在形式，舉凡人的言談舉止、衣著打扮、建築樣式以及國家乃至日常生活中的各種禮節儀式，都可稱作文，因此，《廣雅‧釋詁》中，釋「文」爲「飾」。在這個意義上，服飾之「文」是「禮文」的重要組成部分。

「文」既是人類認識自然、社會的文化成果，又是協調人與自然、人與社會關係的文化手段，因此，《左傳‧昭公二十八年》又稱：「經緯天地曰文」，《國語‧周語下》曰：「經之以天，緯之以地，經緯不爽，文之象也。」當上古歷史發展到「絕地天通」、神人相隔的階段時，經緯天地、與神交通、協調社會秩序成爲統治者的特權，「文」又作爲「文德」，成爲上古帝王所獨有的品行，因此，《尚書‧堯典》中記舜「受終於文祖」，而司馬遷《史記‧五帝本紀》稱：「文祖者，堯大祖也。」

從狹義上說，「文」又專指「文字」之文和服飾之「文」。上古先哲「仰則觀象於天，俯則觀法於地，觀鳥獸之文與地之宜，近取諸身，遠取諸物」〔註15〕的結果，是創造了包括八卦、文字、文身在內的各式符號，這些符號，以長短縱橫的線條組合而成，即「交遣之畫」，可以統稱爲「文」。《說文解字》卷九上稱：「文，錯畫也，象交文」。將所觀之鳥獸之文刻畫於身體之上，便是文身，刻畫於陶器、龜甲、獸骨及青銅器等物體上，便是文字，繡績於衣裳之上，便是章紋。與服飾緊密聯繫的，是文身之「文」。「最早的圖案之一就是人身體上的裝飾，人們用化妝品、顏料、文身、珠寶、頭飾、服裝來裝飾自己，並把這些東西以各種不同的方式結合起來使用，以達到驚人的效果」。〔註 16〕自然界動植物的色彩斑斕，線條交錯，文身是在人身體上對動植物花紋的模擬，上古文身的主旨，不僅僅是爲了裝飾身體，更重要的是出於與神交通和獲得部落認同的意味：一方面文身是爲了取得神的認可，溝通神人關係，神人以和從而獲得神的福祐，另一方面，文身則可以將「人的自然之軀，按社會、儀式、觀念的要求和規定加以改變，顯示了自然人向社會（文化、氏族）人的生成」，〔註 17〕通過文身區別不同的氏族或部落，同時

〔註14〕 〔唐〕房玄齡《晉書》，中華書局 1974 年版，第 616 頁。

〔註15〕 《周易‧繫辭下》。

〔註16〕 〔英〕E‧H‧貢布里奇，《秩序感——裝飾藝術的心理學研究》，楊思梁、徐一維譯，浙江攝影出版社 1987 年版，第 120 頁。

〔註17〕 張法《中國美學史》，上海人民出版社 2000 年版，第 15 頁。

又通過文身使個體成員獲得某種身份認同。

與此同時，隨著染織技術的發展，文身圖案逐漸轉移到冕服上，成為章紋，由文身到假面，再到冕服。周代強調以德配天，冕服的形制章紋便成了天子懿德令行的象徵，同時，冕服的不同形制以及章紋的不同數目，便具有了別尊卑、辨等威的社會功能。因此，服飾之文，在周代主要表現為等級之文，其主要作用是區分等級，「在等級分明的基礎上達到美的和諧」。〔註18〕

東漢《釋名》說：「文，文也。集會眾彩以成錦繡，集會眾字以成辭義，如文繡然也。」文字連綴成篇，稱「文章」，彩線織成錦繡，稱「文繡」，二者都是事物按其本質規定所呈現出的具有一定特徵的外觀形式。文章表述了內容，而「所有的紋樣原先設想出來都是作為象徵符號的──儘管它們的意義在歷史發展的過程中已經消失」，〔註19〕文繡則象徵著某種意義，標誌著某種身份，二者又都跟「質」有關。「質」是事物的本質，是一事物區別於他事物的內在規定性。簡單地說，「文」為形式，為審美對象的外在形式和形式美，各種「質」為內容，指審美對象的本質或內容。因為無論是在儒家將道德凌駕於審美之上的「盡善盡美」的美學原則中，還是在道家返樸歸真的美學理想裏，都更為強調本質和本色，都傾向於以天然、質樸為理想美，所以「質」又可以指審美對象樸素、質實的風格。

（二）《詩經》中的服飾之「文」與服飾之「質」

服飾只有在被具體的人穿著之後，才成為真正的服飾，因此，服飾之「文」，應該至少包括三方面的內容：第一，服飾本身的顏色、形制、尺寸、質料等因素；第二，服飾的穿著方式及搭配方式；第三，人在穿著特定服飾之後，受服飾的制約所表現出的體態容色、行為舉止等特徵。文為文飾，質為質實，如果將文簡單地看作形式，則可將質看作內容，服飾之「質」，就是指服飾之「文」所代表的內容、意義、功能等要素。服飾之「質」，既要體現服飾的功能性指向，也要體現服飾的非功能性指向，大致應包括三方面的內容：第一，保暖適體、蔽形護膚，作為服飾的基本功能，是服飾最基本的「質」；第二，服飾所標誌的社會等級；第三，服飾所象徵的人的道德品質。

儘管《詩經》時代還沒有明確地提出「文」與「質」，但是《詩經》裏已

〔註18〕張法《中國美學史》，上海人民出版社 2000 年版，第 19 頁。
〔註19〕〔英〕E・H・貢布里奇，《秩序感──裝飾藝術的心理學研究》，楊思梁、徐一維譯，浙江攝影出版社 1987 年版，第 376 頁。

經開始注意到了服飾物態形式與服飾象徵意義的契合。《詩經》中有不少與周代服飾有關的描寫。《詩經》產生的年代，大約上起西周初年，下至春秋中葉。其中《檜風》、《豳風》的全部以及《小雅》、《大雅》中的一部分，可以斷定爲西周時期的作品，其他作品的創作時間則爲春秋時代。〔註20〕比較一下西周時期和春秋時代作品中對於服飾的描寫，我們可以發現，西周時期作品中提到的服飾，強調的多是服飾物態（包括服飾行爲）與人的身份、地位及所處的情境場合之間的外在對應關係。如《詩經·豳風·九罭》曰：「我覯之子，袞衣繡裳」。根據《詩序》及《毛傳》、《鄭箋》，《九罭》爲周大夫諷諫周成王親迎周公而作，孔穎達《正義》解釋說：「周公既攝政而東征，至三年罪人盡得，但成王惑於流言，不悅周公所爲，周公且止東方，以待成王之召。成王未悟，不欲迎之，故周大夫作此詩以刺王。」鄭玄《箋》曰：「（成）王欲迎周公之來，當有其禮」，「王迎周公，當以上公之服往見之」。成王應當按照禮節，穿上「袞衣繡裳」去迎接周公，袞衣，鄭玄《箋》解釋說：「六冕之第二者也，畫爲九章，天子畫升龍於衣上，公但畫降龍。」〔註21〕這裡強調的，只是「袞衣繡裳」的服飾與周成王的身份地位和周成王迎接周公所處的情境要相適合，並沒有提到道德。

相比較而言，創作於春秋時期的《詩經》作品，則更強調服飾、地位、德行三者之間的協調統一。如《詩經·秦風·終南》曰：「君子至止，錦衣狐裘。顏如渥丹，其君也哉！⋯⋯君子至止，黻衣繡裳。佩玉將將，壽考不忘。」對於「黻」與「繡」，《毛傳》曰：「黑與青謂之黻。五色備謂之繡。」「黻衣繡裳」就是五彩絲線繡成的衣與裳。秦君狐裘，外罩錦衣，穿著五彩繡繪的衣裳，玉佩鏘鏘作響。濃墨重彩地描寫君子鮮豔奪目的盛裝，目的是借歌頌君子的盛服來歌頌君子的盛德。孔穎達《毛詩正義》曰：「美之者，美以功德，受顯服。戒勸之者，戒令修德無倦，勸其務立功業也。既見受得顯服，恐其惰於爲政，故戒之而美之。」〔註22〕華美奪目的盛服既是對君子之德的讚美，又是對君子修德的勉勵。

《詩經》西周時代的作品，只有一處將服飾與德行對舉，即《詩經·豳

〔註20〕　參見程俊英《詩經譯注》，上海古籍出版社1985年版，第1～8頁。

〔註21〕　〔漢〕毛亨傳、鄭玄箋、〔唐〕孔穎達《毛詩正義》，〔清〕阮元校刻《十三經注疏》本，中華書局1980年版，第399頁。

〔註22〕　〔漢〕毛亨傳、鄭玄箋、〔唐〕孔穎達疏《毛詩正義》，〔清〕阮元校刻《十三經注疏》本，中華書局1980年版，第104～105頁。

風‧狼跋》中上章的「公孫碩膚，赤舄幾幾」與下章的「公孫碩膚，德音不瑕」。這裡，只要有其位有其服，就一定會有其德，地位、德行與服飾之間的統一和協調，是毋需懷疑的。而在《詩經》中春秋時代的作品中，與地位相稱的服飾卻未必代表著與地位相稱的德行，有其服而無其德、德服不稱的情況，遭到了嚴厲的批評。如《曹風‧候人》，據《毛詩序》，諷刺的是「（曹）共公遠君子而好近小人焉」。「彼其之子，三百赤芾」，據《毛傳》，「大夫以上，赤芾乘軒」，曹共公將自己所親近的小人任命新的大夫，「三百」為虛數，極言小人之多。曹共公所任命的新大夫，「德薄而服尊」，因此《候人》第二章便直言：「彼其之子，不稱其服」。又《鄘風‧君子偕老》，《毛詩序》說：「刺衛夫人也。夫人淫亂，失事君子之道，故陳人君之德，服飾之盛，宜與君子偕老也。」詩中極力渲染衛夫人宣姜的尊貴服飾，「副笄六珈。委委佗佗，如山如河」，「玉之瑱也，象之揥也」，是首飾的華貴繁複，「象服是宜」，「玼兮玼兮，其之翟也」，「瑳兮瑳兮，其之展也，蒙彼縐絺，是紲袢也」，是衣服的尊盛鮮豔。據《毛傳》，「副笄六珈」說的是珈笄，乃「飾之最盛者」，為王后專用，而「象服是宜」和「玼兮玼兮，其之翟也」，描述的是王后專用的象服（褕衣）和翟衣（為祭服），服與飾，皆「所以別尊卑」。宣姜的尊盛服飾與尊貴地位相稱，德行卻無法與二者相稱，極言其服飾之尊盛，是為了反襯其「德服不稱」，用詩中的話說是：「子之不淑，云如之何。」《詩經》中的這兩首詩，既要求服與地位相稱，又要求服與道德相稱，其實也就是要求道德與地位相稱。

羔裘是西周至春秋貴族禮服最重要的組成部分。《詩經》中有四處對於羔裘的專門描寫。其中，作於西周的《檜風‧羔裘》曰：「羔裘逍遙，狐裘以朝。……羔裘如膏，日出有曜。」《毛詩序》稱《羔裘》寫檜國國君「好潔其衣服，逍遙遊燕，而不能自強於政治」，《毛傳》曰：「羔裘以遊燕，狐裘以適朝。」鄭玄《箋》解釋說：「諸侯之朝服，緇衣羔裘，大蜡而息民，則有黃衣狐裘，今以朝服燕，祭服朝，是其好潔衣服也。」檜國國君穿著用作朝服的羔裘遊樂，穿著用作祭服的狐裘上朝，服飾與所處情境不合，是違背禮制，因此受到檜國大夫的勸諫。與羔裘有關的另三首詩，分別為《召南‧羔羊》、《鄭風‧羔裘》、《唐風‧羔裘》，都是春秋時代的作品。《召南‧羔羊》，據《毛詩序》，是說大夫穿著合乎禮制的羔羊之皮製成了羔裘，「在位皆節儉正直，德如羔羊也」。《鄭風‧羔裘》曰：「羔裘如濡，洵直且侯。彼其之子，舍命不渝。」鄭

《箋》曰：「緇衣羔裘，諸侯之朝服也，言古朝廷之臣皆忠直且君也。君者，言正其衣冠尊其瞻視，儼然人望而畏之也。」這裡，強調的還是羔裘與德行之間的關係。《唐風·羔裘》曰：「羔裘豹袪，自我人居居。」豹袪，指羔裘鑲著豹皮的袖口，《詩小序》曰：「《羔裘》，刺時也。晉人刺其在位，不恤其民也。」這裡，寫晉大夫「羔裘豹袪」的服飾，是為了批評他德服不稱，強調的還是服飾與德行的關係。

　　由上文可以看出，儘管在西周時期，人們也注意到了地位、服飾與道德三者間的關係，但人們更關注的是服飾與地位、情境之間的關係，而到了春秋時代，人們除了要求服飾與地位、情境相適應，還逐漸看到服飾與德行之間的關係，這裡，服飾之「文」與服飾之「質」的關係，涉及到的兩個層面的要求：服飾之文與人的社會身份相稱、人的嘉行仁德與服飾之文相稱。人們要求服飾之文、社會身份與嘉行仁德三方面統一，對於德、服不稱的現實，則提出了嚴厲的批評。《詩經》中對服飾的這一審美要求，為孔子所繼承並發展，從而提出了儒家倫理化美學思想指導下的「文質彬彬」的審美理想。

　　春秋時代，「文」已不再是帝王專有的品行特徵，而是用來形容包括儒者在內的士及君子們通過學習和訓練，所獲得的溫文儒雅、彬彬有禮的儀容。冠服制度本來就是中國古代禮制的重要組成部分，彬彬有禮的儀容，離不開服飾的裝點。《論語·雍也》記載：「子曰：質勝文則野，文勝質則史。文質彬彬，然後君子。」「文質彬彬」的審美要求，具體到服飾上，要求服飾之「文」與服飾之「質」相稱。西周的服飾之「質」，主要強調的是社會等級；春秋時期，孔子「以仁釋禮」，提倡在「德化」、「禮治」的基礎上實行「仁政」，強調禮的意義不僅在於各種典章制度行為規範，更在於禮的內核——仁，要求統治者通過自身的道德修養對民眾進行教化，於是，「文」之所以成為士人君子的修身的理想，不僅在於「文」對君子的修飾及美化，更在於「文」所昭示的「質」，而這裡的「質」，則主要在於人的道德修養，因此，與孔子「以仁釋禮」的政治倫理思想相對應，與將道德凌駕於審美之上的「盡善盡美」的審美理想相一致，「文質彬彬」強調了服飾之「文」與人的品行之間的關係，並由此產生並發展了中國古代服飾「比德」的傳統。這是孔子對服飾美學思想的發展。其後，戰國諸子對服飾之「質」又各有不同看法，這種不同，造成了他們對服飾之「文」的不同態度。

二、文質彬彬：孔子的倫理化服飾美學思想

西周建立起來的服有等差的冠服制度，到了「禮崩樂壞」的春秋時代，也遭到了破壞。冠服制度遭到破壞主要有兩個原因，首先，周室衰微，孔子說：「天下有道，則禮樂征伐自天子出；天下無道，則禮樂征伐自諸侯出。」〔註23〕季氏能「八佾舞於庭」，能「旅於泰山」，從諸侯到大夫，從大夫到陪臣，僭越禮制的行爲時有發生，周公所制的禮樂早已無法規範行爲；其次，春秋時代生產技術及貿易交流的發展，爲西周時「珠玉錦繡不鬻於市」法規的突破提供了物質基礎，衛錦荊綺、齊紈魯縞臚陳於市，只要足夠富有就能穿用，這爲冠服制度的破壞提供了可能性，而且，染織工藝的新發展也帶來了原本沒有服飾樣式，這些新的服飾樣式是原有禮制當中無法加以規定的，這在客觀上也構成了對原有冠服制度的破壞。

與試圖通過「以仁釋禮」爲禮尋找一個內在的情感依據相似，孔子也試圖通過對「文質彬彬」審美理想的追求，爲包括服飾之「文」在內的禮文形式尋找一個深層的「質」，從而重建禮樂文化。這個「質」，在孔子這裡，也包含著自西周便有的社會等級地位，卻又是在此基礎上發揮和強調了道德含義的「質」。服飾之「質」對道德的強調，與孔子美學思想的倫理傾向有關。與孔子「以仁釋禮」思想相對應的，是孔子「里仁爲美」的美學主張。「里仁爲美」，審美與道德合二爲一，「盡善盡美」就成了孔子最高的審美理想。「子謂《韶》盡美矣，又盡善也。謂《武》盡美矣，未盡善矣」（《論語・八佾》），因此，孔子「在齊聞《韶》，三月不知肉味」（《論語・述而》）。《武》之所以「盡美」，而不「盡善」，何晏注引孔安國注曰：「《武》，武王樂也。以征伐取天下，故未盡善」〔註24〕；而《韶》之所以盡善盡美，是因爲《韶》爲舜樂，舜的天下是由堯禪讓而來的。可見，《韶》樂既合乎形式美的要求，也符合道德的要求，因而是「盡善盡美」，而《武》樂則不完全合乎道德的要求，因而雖然「盡美」，卻不「盡善」。聯繫孔子「里仁爲美」的主張，我們看到，對於「盡善」的道德要求，是凌駕於「盡美」的審美要求之上的。子曰：「禮云禮云，玉帛云乎哉！樂云樂云，鐘鼓云乎哉！」子曰：「人而不仁，如禮何？人而不仁，如樂何？」〔註25〕禮樂不獨是好看的玉帛、悅耳的鐘鼓，必須還

〔註23〕《論語・季氏》。

〔註24〕〔魏〕何晏注、〔宋〕邢昺疏《論語注疏》，〔清〕阮元校刻《十三經注疏》本，中華書局1980年版，第13頁。

〔註25〕《論語・陽貨》，《論語・八佾》。

要符合「仁」的道德要求，否則，就失去了意義。

　　孔子對於「仁」、「善」、「質」、「德」的重視，跟東周的時代背景有關。春秋時期，王室衰微之後，「禮崩樂壞」的主要表現，一是舊禮制的形同虛設；二是禮制使用者身份等級的界限被打破。〔註26〕「以仁釋禮」的目的在於重建禮樂文化，然而孔子能恢復的，也只是西周禮制的某些形式，所謂的復古，常常是為了改良甚至革新，孔子在禮的形式下強調仁的內容，用「善」來規定「美」，用「文」來表現「質」，在「質」中強調「德」，決定了孔子不是恢復西周舊禮制，而是要重建新歷史背景下的新禮制。

　　西周是文化壟斷的官學時代，東周時期，王綱解紐，學術下移，《論語・微子》記載樂官四散謀生的情形說：「大師摯適齊，亞飯干適楚，三飯繚適蔡，四飯缺適秦，鼓方叔入於河，播鼗武入於漢，少師陽、擊磬襄入於海。」孔子也在夷人郯子到魯講禮樂時感歎「天子失官，學在四夷」，〔註27〕官學衰落，私學取而代之，「春秋末年，私立學門者不乏其人，如周守藏史老聃……魯國樂師師襄、夷人郯子、鄭國的鄧析，以及萇弘、王駘等，也都收徒講學。而創私學、興教育最有成績的是孔丘，相傳他『有教無類』，以『詩書禮樂教，弟子蓋三千焉，身通六藝者七十有二人』」。〔註28〕殷商與西周，知識由巫史卜祝所壟斷，而官學衰落、私學興起之後，士逐漸取代了巫史而成為知識階層的主體，無論庶眾皂隸，只要「積文學，正身行」，便能成為士，在《詩經》中，「君子」還主要是指王公侯伯，而在《論語》中，「君子」則變成了能夠「積文學，正身行」的士，殷商西周的君子，需要世襲，而春秋之後的君子，則可以靠自身的學習與修養而達到，統治集團的用人機制不再是單純的「親親」，還要「尊賢」。孔子著名的教育主張「有教無類」，就是在這種背景下提出的，這在客觀上打破了西周時禮制使用者的身份等級界限，實際上是對西周舊禮制的破壞。

　　與春秋時期禮樂下移相對應的，是「德」的下移。源於圖騰觀念的德，在西周「以天為宗，以德為本」的文化中，〔註29〕是周王克配天命的依據，

〔註26〕參見馮天瑜、楊華《中國文化發展軌跡》，上海人民出版社2000年版，第80頁。
〔註27〕《左傳・昭公十七年》。
〔註28〕參見馮天瑜、楊華《中國文化發展軌跡》，上海人民出版社2000年版，第83～84頁。
〔註29〕《莊子・天下》。

在「以德配天」當中，「德」指天子的政行懿德，天子之「德」通過服飾來彰顯，便是「天命有德，五服五章哉」。在這裡，德既指品德修養，又是權力的來源。由天子之德，延伸至王公侯伯之德，都是與權力、地位相稱的「德」。到了春秋時期，孔子「以仁釋禮」的思想，體現到政治上，就是要實行仁政。仁政要求統治者具有「君子之德」，因為「道之以政，齊之以刑，民免而無恥；道之以德，齊之以禮，有恥且格」，「為政以德，譬如北辰，居其所而眾星共之」。〔註30〕德是為政的根本原則，君子要從政，必須要先修身和修德。《論語‧堯曰》中記載，子張問孔子從政的條件：「何如斯可以從政矣？」孔子回答：「尊五美，屏四惡，斯可以從政矣。」從後面孔子的解釋來看，「五美」其實就是五種美德，「四惡」為四種惡政。在這裡，從政的先行條件，為君子的修身與修德，「學而優則仕」，「文質彬彬，然後君子」，培養美德成為「君子」之後，就能參政。《論語‧顏淵》中記載孔子對季康子說：「君子之德風，小人之德草。草上之風，必偃。」君子修德，從政後靠自己的德行修養來為屬下的「民」做出榜樣，潛移默化其他人的道德行為，「其身正，不令則行；其身不正，雖令不從」，「政者，正也。子帥以正，孰敢不正」？〔註31〕此時，德依然跟權力、地位有關，但是由天子及王公侯伯專有之德，進一步擴大為士或君子的道德修養、行為規範，德的權力色彩相對減弱，與個人修養的聯繫進一步加強，《論語》裏，「德之不修，學之不講」，「德不孤，必有鄰」，「志於道，據於德」，「吾未見好德如好色者也」，說的都是士或君子的道德修養，跟後世的道德概念已很接近。

如果簡單籠統地將「盡善」看作是對道德內容的要求，將「盡美」看作是對外在形式的要求，那麼，也可以將「盡善」看作是對「質」的要求，將「盡美」看作是對「文」的要求，就君子的個體修養來說，「文質彬彬」，然後才能「盡善盡美」。

（一）服飾之「文」：「盡美」

在《論語》裏，理想的君子，被認為具有「五美」品質。《論語‧堯曰》記載：「子張曰：何謂五美？子曰：君子惠而不費，勞而不怨，欲而不貪，泰而不驕，威而不猛。」這裡的「美」，實際上是五種「善」的道德和修養。對於如何達到這五美，孔子接著解釋了許多，其中，對於「威而不猛」解釋說：

〔註30〕《論語‧為政》。
〔註31〕《論語‧顏淵》。

「君子正其衣冠，尊其瞻視，儼然人望而畏之，斯不亦威而不猛乎？」「威而不猛」，需要「正其衣冠，尊其瞻視」來體現，這是對《詩經・大雅・棫樸》「追（雕）琢其章，金玉其相。勉勉我王，綱紀四方」思想的發展：《詩經》將雕琢其章的「黼衣繡裳」對周王的裝飾打扮上昇到「綱紀四方」的政教的高度，而《論語》中則將「正其衣冠」對於君子外在形象的修飾上昇到「威而不猛」的道德的高度。《大戴禮記・勸學》則假託孔子之口，進一步明確了孔子這種思想：「野哉！君子不可以不學，見人不可以不飾。不飾無貌，無貌不敬，不敬無禮，無禮不立。夫遠而有光者，飾也；近而逾明者，學也。」

在強調「質」的基礎上，儒家學者也強調了「文」的價值。文質彬彬，也要求人的嘉行美德，能夠通過相應的服飾之文表現出來。《論語・顏淵》中記載了衛國大夫棘子成與孔子弟子子貢關於文與質的爭論：「棘子城曰：『君子質而已矣，何以文為？』子貢曰：『惜乎！夫子之說君子也，駟不及舌。文猶質也，質猶文也；虎豹之鞟猶犬羊之鞟。』」何晏注引孔安國曰：「皮去毛曰鞟。虎豹與犬羊別，正以毛文異耳。今使文質同者，何以別虎豹與羊犬邪？」〔註 32〕虎豹與犬羊的區別，正在於皮毛的文採，去掉虎豹色彩斑斕的毛色，虎豹的皮和犬羊去掉毛色的皮就沒有分別。因此，君子除了要有美質，還需要有文採將美質呈現出來，君子要「威而不猛」，就需要「正其衣冠，尊其瞻視」。

劉勰《文心雕龍・情采》篇將文分作三種：「一曰形文，五色是也；二曰聲文，五音是也；三曰情文，五性是也。五色雜而成黼黻，五音比而成韶夏，五情發而為辭章，神理之數也。」很顯然，服飾之文，應屬於「形文」。作為「形文」的服飾之「文」，應包括服飾的顏色、形制、圖案、搭配、穿著方式，以及與相應服飾相配的容貌聲氣等因素。另一方面，作為審美對象，服飾又屬於重組藝術，一件具體的衣服或飾品本身不能算一個獨立、完整的審美對象，它還需要被人穿戴，在與穿著者組配之後，衣服或飾品的美才能展現出來，從這個角度上說，作為「形文」的服飾之「文」，又由服飾色彩的組配、服飾之間的組配、服飾與人體之間的組配等因素來決定。

在禮服的色彩組配上，孔子遵循的是服飾內外色彩一致的組配規則。《論語・鄉黨》曰：「緇衣羔裘，素衣麑裘，黃衣狐裘。」黑色的羊皮衣外罩黑色

〔註 32〕〔魏〕何晏注、〔宋〕邢昺疏《論語注疏》，〔清〕阮元校刻《十三經注疏》本，中華書局 1980 年版，第 47 頁。

的衣服；白色的小鹿皮衣外罩白色的衣服；黃色的狐皮衣外罩黃色的衣服。不同顏色、質料的服飾有一定的搭配規範，何晏注引孔安國注曰：「服皆中外之色相稱也。」〔註33〕

對於服飾之間的組配，孔子提倡採用「郁郁乎文哉」、比前代形制都要華美的周冕與褒衣博袖的禮服相搭配。在《論語‧衛靈公》中，甚至把戴周朝的禮帽上升到了治理國家的政治高度。當弟子顏淵問如何治理邦國的時候，孔子回答：「行夏之時，乘殷之輅，服周之冕，樂則《韶》舞。」朱熹《集注》曰：「周冕有五，祭服之冠也。冠上有覆，前後有旒。黃帝以來，蓋已有之，而制度儀等，至周始備。然其為物小，而加於眾體之上，故雖華而不為靡，雖費而不及奢。夫子取之，蓋亦以為文而得其中也。」〔註34〕周代禮帽集前代之大成，形制應是最華美、最完備的，因此孔子提倡「服周之冕」。褒衣博袖的貴族禮服，旨在擴大穿著者所佔有的視覺空間，只有同樣擴大頭部視覺空間的禮帽，才能與之協調，因此，孔子提倡周冕，除了因周冕禮制完備，也因為這種服飾搭配才能達到最協調的視覺效果。

基於中國古代服飾對於「可穿可舞」特點的強調，孔子對於服飾與人體的組配關係也格外重視。無論是禮服，還是常服，上衣必然會有「殺縫」，「殺縫」是指在縫製衣服過程中，將整幅的布加以剪裁之後又縫製起來，一般為衣旁的斜縫。殺縫的設計，可以使衣服不至於過分寬大，以至於不可收拾。朝祭用的禮服的下裳，則需要用整幅的布，多餘的布也不能裁剪掉，只能採用在腰部打襞皺的方式來使下裳不至於過分寬大。《論語‧鄉黨》記載：「非帷裳，必殺之。」「帷裳」，指朝祭用的服裝，「殺」，即「殺縫」，孔子主張，只要不是縫製用於朝祭禮服的下裳，就需要把整幅的布裁去一些，再縫接起來，這樣做的目的，除了節省布料，更重要的是使服裝既寬大又適體，既美觀又便於活動。

「可穿可舞」的中國古代服飾，格外強調人的動作、體態、容色與服飾的組配。正如《禮記‧表記》中所說，「是故君子服其服，則文以君子之容；有其容，則文以君子之辭；遂其辭，則實以君子之德。是故君子恥服其服而

〔註33〕〔魏〕何晏注、〔宋〕邢昺疏《論語注疏》，〔清〕阮元校刻《十三經注疏》本，中華書局1980年版，第38頁。

〔註34〕朱熹《論語集注》，《四書集注》本，陳戌國點校，嶽麓書社1987年版，第239頁。

無其容，恥有其容而無其辭，恥有其辭而無其德，恥有其德而無其行。」而《荀子・非十二子》則提出「士君子之容：其冠進，其衣逢，其容良」的要求。《論語》中，最先明確強調了君子進退揖讓與服飾的配合。《論語・鄉黨》中記載孔子穿著朝服參加典禮時，行動之間，裳擺飄動，疾趨而進，張拱端好，寬大的衣袖如鳥舒翼，褒衣博帶的朝服，只有人在遵循「衣前後，襜如也。趨進，翼如也」的行動規則時，才能充分展示朝服如鳥舒翼的飄舉飛動之美。「攝齊升堂，鞠躬如也，屏氣似不息者」，「攝齊」是為了防止踩踏裳的下擺，而用兩手將裳微微提起。攝齊屏氣，表達的是內心的敬意。而「執圭，鞠躬如也，如不勝。上如揖，下如授」，執圭參加典禮時，行為舉止便應該符合執圭時的要求，恭敬謹慎，向上執圭，好像作揖，向下執圭，則好像要授給別人。

（二）服飾之「質」：「盡善」

形式美只有符合善的要求，服飾之「文」只有符合服飾之「質」，才是真正美的。《論語・泰伯》中，孔子頌揚禹「致美乎黻冕」，是在禹「惡衣服」的前提下。「惡衣服」，是克己，「致美乎黻冕」是為禮，「惡衣服而致美乎黻冕」，正是孔子「克己復禮為仁」思想的形象具體的表達。《論語・泰伯》說：「興於《詩》，立於禮，成於樂。」立於禮，是衣食住行、行為舉止都要合乎禮的要求。具體到服飾上，合乎禮的要求的「服飾之文」，才合乎服飾之「質」的「盡善」的要求，才是「文質彬彬」的服飾，也才是「盡善盡美」的服飾。

齊景公問政於孔子，孔子提出了「君君、臣臣、父父、子子」政治理想，如何具體實現這一政治理想，孔子提出：「必也正名乎！」並進一步指出「正名」的重要性：「名不正，則言不順；言不順，則事不成；事不成，則禮樂不興；禮樂不興，則刑罰不中；刑罰不中，則民無所措手足。」〔註35〕「正名」，首先應包括了服飾之「文」與人的身份地位相稱，所謂「君子小人，物有章服，貴有常尊，賤有等威」。〔註36〕卑賤者穿了尊貴者的服飾，是僭越，尊貴者穿了卑賤者的服飾，則是越禮，通過服飾之「文」來區分人的尊卑等級，這一點，也是「郁郁乎文哉」的西周冠服制度舊有的內容，孔子「文質彬彬，然後君子」的審美理想，當然也包括了服飾之「文」要與人的社會身份地位相稱的這一要求，最比較典型的表現是孔子對於服飾顏色組配的看法。

〔註35〕《論語・顏淵》，《論語・子路》。
〔註36〕《左傳・昭公十二年》。

　　我國古代將顏色分作正色與間色。正色為純色，間色就是雜色，由正色調配而成。《禮記·玉藻》孔穎達《疏》引皇侃云：「正謂青、赤、黃、白、黑五方正色也；不正謂五方間色也，綠、紅、碧、紫、騮黃是也。」〔註37〕在等級分明、尊卑有序的宗法文化背景下，客觀的顏色因被賦予了象徵意義而被納入了道德價值判斷體系，並具有了尊卑貴賤的等級色彩，我國古代認為正色尊而間色卑，青、赤、黃、白、黑五色，獲得了遠較間色要高貴的位置。《說文解字》中，表示顏色的字共有 75 個，其中有近三分之一（23 個）集中在《說文》中的「系部」，如素、縹、紅、綠、紫等，既是顏色名，又是采帛名，這正好說明了服飾與顏色在古人觀念中的密切關係。顏色與服飾關係最為密切，顏色的尊卑價值也主要在服飾中得以體現，用唐代詩人杜甫《太子張舍人遺織成褥段》詩中的話說，就是「服色定尊卑，大哉萬古程」。

　　《論語·陽貨》中孔子說：「惡紫之奪朱也。」紫色為間色，朱近於赤，也被看作是正色。《禮記·月令》孔穎達疏曾解釋：朱深而赤淺，朱、赤都被看作是正色，所以《禮記·月令》中才說夏季天子要「乘朱路，努赤騮，載赤旗，衣朱衣，服赤玉」。〔註38〕朱、赤等正色，是統治者專用的服色。《詩經·豳風·七月》裏說「載玄載黃，我朱孔陽，為公子裳」，只有「公子」才有權穿玄、黃、朱等正色。然而，「春秋時候，魯桓公和齊桓公都喜歡穿紫色衣服，從《左傳·哀公十七年》衛渾良夫『紫衣狐裘』而被罪的事情看來，那時的紫色可能已代替了朱色而變為諸侯衣服的正色了」。〔註39〕《史記·蘇秦列傳》載：「齊紫，敗素也，而賈十倍。」張守節《史記正義》說：「齊君好紫，故齊俗尚之。取惡素帛染為紫，其價十倍貴於餘。」《史記正義》又引韓子云：「齊桓公好服紫，一國盡服紫，當時十素不得一紫。」〔註40〕素，即白繒，因為齊桓公好紫色，當時齊俗便以紫色為美，敗素染紫之後的價格，反倒是好素的十倍。紫色替代了朱色，是間色奪去了正色應有的地位和光彩，齊桓公服紫色，服色跟身份不相稱，便是違背禮儀，顛倒了名位、尊卑，是對社會等級秩序的破壞。

〔註37〕　〔漢〕鄭玄注、〔唐〕孔穎達疏《禮記正義》，〔清〕阮元校刻《十三經注疏》本，中華書局 1980 年版，第 249 頁。

〔註38〕　〔漢〕鄭玄注、〔唐〕孔穎達疏《禮記正義》，〔清〕阮元校刻《十三經注疏》本，中華書局 1980 年版，第 137 頁。

〔註39〕　楊伯峻編著《論語譯注》，中華書局 1963 年版，第 194 頁。

〔註40〕　〔漢〕司馬遷《史記》，中華書局 1982 年版，第 2270 頁。

「惡紫之奪朱」，將服飾顏色分爲正色間色，賦予正色和間色以不同的審美價值，正色與間色各得其所便意味著尊卑有序，秩序井然，間色取代正色便是越禮違制，並非始自孔子，《詩經》中已將間色取代正色當作僭越禮制的象徵。《詩經・召南・綠衣》以「綠衣黃裏」和「綠衣黃裳」來比喻嫡妾之禮的廢亂。《綠衣》曰：「綠兮衣兮，綠衣黃裏。心之憂矣，曷維其已！」《毛傳》解釋說：「綠，間色。黃，正色。」以正色之黃爲裏，象徵著「夫人正嫡而幽微」；以間色之綠爲表，象徵著「妾不正而尊顯」。《綠衣》又曰：「綠兮衣兮，綠衣黃裳。心之憂矣，曷維其亡！」《禮記・玉藻》說：「衣正色，裳間色。」以間色之綠爲衣，象徵著「不正之妾今蒙寵而尊」；以正色之黃爲裳，象徵著「正嫡夫人反見疏而卑」。此處，綠之奪黃，與「紫之奪朱」一樣，都意味著以卑陵尊，以下侵上。

孔子不僅對齊桓公以來的「紫之奪朱」的現象提出批判，而且自己在服飾方面也恪守正色間色尊卑論。《論語・鄉黨》說：「君子不以紺緅飾，紅紫不以爲褻服。」邢昺疏：「『君子不以紺緅飾』者，君子，謂孔子也。」紺、緅都是黑中透紅的顏色，緅比紺顏色更暗，孔子不用這兩種顏色來做衣服的鑲邊，是因爲紺、緅都與作爲正色的玄色相近，不能用作其它顏色的襯托。而「紅紫不以爲褻服」，邢昺《疏》曰：「紅，南方間色。紫，北方間色。褻服，私居服，非公會之服。以其紅紫二色皆不正，故不以爲褻服。褻服尙不用，則正服無所施可知也。但言紅紫，則五方間色皆不用也。」〔註41〕紅，據《說文解字》，爲「帛赤白色」，相當於今天的粉紅色。即使是家居便服，孔子也不用紅與紫等間色。

「文質彬彬」，還要求注意服飾與環境之間的組配。合乎情境要求的服飾，加上合乎服飾要求的容止，才是「盡善盡美」的服飾。孔子對服飾與環境的組配，十分講究。環境首先指人文環境和社會情境。人除了具有一個相對穩定的社會等級身份外，還要隨著情境的變化，而扮演不同的社會角色，也就是說，情境場合、衣冠打扮以及人的舉止表情，三者需要彼此一致：人所穿戴的服飾，跟人的社會地位及人所處的情境場合要相一致，而人的行爲舉止，也要跟人特定情境場合下所穿戴的服飾相適應。文質彬彬，要求特定情境下的服飾之文與特定情境下人的特定角色相適應。《論語・鄉黨》記「羔

〔註41〕　〔魏〕何晏注、〔宋〕邢昺疏《論語注疏》，〔清〕阮元校刻《十三經注疏》本，第 2494 頁。

裘玄冠不以弔」，因為弔喪的時候，要穿與哀戚環境與心境相稱的原白色喪服，何晏注引孔安國所謂「喪主素，吉主玄，吉凶異服」。《禮記‧檀弓下》則說得更詳細：「喪禮，哀戚之至也。……奠以素器，以生者有哀素之心也。」鄭玄注：「哀素，言哀痛無飾也，凡物無飾曰素。」〔註42〕《論語‧鄉黨》邢昺《疏》解釋「羔裘玄冠」說：「羔裘所用配玄冠，羔裘之上必用緇布衣為裼，裼衣之上正服亦是緇色，文與玄冠相配，故知緇衣羔裘是諸侯君臣日視朝之服也。」「羔裘，黑羊裘也，故用緇衣以裼之。」〔註43〕據此可知，羔裘外面穿上裼衣、裼衣之上再穿正服，然後與玄冠一起組成朝服，「羔裘玄冠」指的就是黑色朝服，「羔裘玄冠不以弔」，因為這是朝服，還因為黑色在古代為吉服顏色，有喜慶的色彩，與喪禮的悲哀氣氛不相適應，與弔喪者的角色身份也不相適應。

《論語‧鄉黨》還記載：「吉月，必朝服而朝。」孔安國訓解曰：「吉月，月朔也。朝服，皮弁服。」〔註44〕楊伯峻解釋說，孔子「大年初一，一定穿著上朝的禮服去朝賀。」〔註45〕朝見國君的時候，一定要穿朝服，是使服飾與場合相適配。即使病了，國君來探視，也要「東首，加朝服，拖紳」，〔註46〕披上朝服，也是為了與國君蒞臨探視的情境相組配。

《禮記‧儒行篇》記載魯哀公問孔子是否穿儒服，孔子回答：「丘少居魯，衣逢掖之衣；長居宋，冠章甫之冠。丘聞之也：君子之學也博，其服也鄉。丘不知儒服。」逢掖之衣，即大袖之衣，為魯地儒者所穿，孔子少時居魯，便穿魯服；章甫之冠，則為殷商之冠，宋為商後，所以宋人冠章甫冠，孔子年長居宋，就戴宋冠。《禮記》雖然為漢代人所輯錄的戰國著作，但是服飾要入鄉隨俗，與穿著者所處的社會環境相適應，卻與孔子對待服飾的態度相一致。

服飾與環境的組配，還包括與自然環境的組配。《論語‧先進篇》記載孔子問弟子們各自的志向，孔子與弟子曾點的共同志向是：「莫（暮）春者，春

〔註42〕〔漢〕鄭玄注、〔唐〕孔穎達疏《禮記正義》，〔清〕阮元校刻《十三經注疏》本，中華書局 1980 年版，第 1301 頁。

〔註43〕〔魏〕何晏注、〔宋〕邢昺疏《論語注疏》，〔清〕阮元校刻《十三經注疏》本，中華書局 1980 年版，第 2495 頁。

〔註44〕同上，第 2494 頁。

〔註45〕楊伯峻編著《論語譯注》，中華書局 1958 年版，第 107 頁。

〔註46〕〔魏〕何晏注、〔宋〕邢昺疏《論語注疏》，〔清〕阮元校刻《十三經注疏》本，中華書局 1980 年版，第 2494 頁。

服既成，冠者五六人，童子六七人，浴乎沂，風乎舞雩，詠而歸」，「春服」
就是與暮春的自然環境相協調，「春服」使人與大自然的關係更加和諧，從而
「春服既成」，「風乎舞雩，詠而歸」，也跟「孔顏樂處」一樣，成為士人君子
所追慕的審美境界。

　　「以仁釋禮」，是孔子對西周舊禮制的改造，與此相應，是孔子在服飾之
「質」中格外強調了君子的道德修養。要求服飾之文與人的身份地位相稱，
是西周冠服思想當中舊有的內容，《論語》「惡紫之奪朱」，是對西周禮制的維
護；而要求人的嘉行美德通過相應的服飾之文表現，則是《論語》對於服飾
審美思想的新發展，是加入的新因素。

　　德之概念的發展，在服飾中表現為比德現象的大量出現，其中，最為典
型的是玉之比德。《論語·鄉黨》記孔子「去喪，無所不佩」，孔安國訓解：「去，
除也。非喪則備佩所宜佩也。」〔註47〕居喪時，為了表達哀痛而無飾，所謂
「哀則以素」，出了喪期，便要佩戴全部應該佩帶的玉佩，鄭玄所謂「敬則以
飾」。〔註48〕只要不是喪期，君子就要「備佩所宜佩」，乃是因為，隨著德之
概念的演進，玉由上古通神的重要媒介，也演進為君子品德操行的象徵。隨
著德概念圖騰色彩的消失，玉的神性也逐漸減弱，倫理色彩漸漸濃重，玉的
物理屬性，遂被比附成君子應有的道德品行。如果說君子之德是「質」，那麼
君子之佩便是君子之「文」。君子有「質」，還需要有「文」，所謂「質勝文則
史」；君子有德，還需要佩玉以彰德，有德有佩，有文有質，才能達到「文質
彬彬」的理想的審美境界。

　　《禮記·聘義》中借孔子與弟子的對話，通過孔子對賤珉貴玉原因的解
釋，說明玉有十一德以像君子之德，「子貢問於孔子曰：『敢問君子貴玉而賤
珉者何也？為玉之寡而珉之多與？』孔子曰：『非為珉之多故賤之也、玉之寡
故貴之也。夫昔者君子比德於玉焉：溫潤而澤，仁也；縝密以栗，知也；廉
而不劌，義也；垂之如隊，禮也；叩之其聲清越以長，其終詘然，樂也；瑕
不掩瑜、瑜不掩瑕，忠也；孚尹旁達，信也；氣如白虹，天也；精神見於山
川，地也；圭璋特達，德也。天下莫不貴者，道也。』」既然玉代表君子的諸

〔註47〕　〔魏〕何晏注、〔宋〕邢昺疏《論語注疏》，〔清〕阮元校刻《十三經注疏》本，
　　　　　中華書局 1980 年版，第 2494 頁。

〔註48〕　〔漢〕鄭玄注、〔唐〕孔穎達疏《禮記正義》，〔清〕阮元校刻《十三經注疏》
　　　　　本，中華書局 1980 年版，第 1301 頁。

般德行，因此，「古之君子必佩玉」，「君子無故玉不去身」，而《論語・鄉黨》
記載孔子「去喪，無所不佩」，則是用孔子的具體服飾行為，來詮釋「君子無
故玉不去身」的服飾原則。君子佩玉，以玉比德，這是「和同」；宗法背景下
的君子，又有尊卑等級之別，其所佩之玉，也各有等差，《禮記・玉藻》所謂
「天子佩白玉而玄組綬，公侯佩山玄玉而朱組綬，大夫佩水蒼玉而純組綬，
世子佩瑜玉而綦組綬，士佩瓀玟而縕組綬」，孔穎達以為，天子為尊者，「尊
者玉色純，公侯以下玉色漸雜」，而士所佩之瓀玟，則為「石次玉者，賤，故
士佩之」。這是「別異」。

　　「文質彬彬」，要求的是德、佩、地位三者的一致。因此，據說孔子在從
魯司寇一職離任之後，便將玉佩改作象環，《禮記・玉藻》記載「孔子佩象環
五寸而綦組綬」，孔穎達《正義》解釋：「孔子以象牙為環，廣五寸，以綦組
為綬也，所以然者，失魯司寇，故謙不復佩德佩及事佩，示己無德事也。佩
象環者，象牙有文理，言己有文章也，而為環者，示己文教所循環無窮也。
五寸，法五德也，言文教成人如五行成物也。」〔註49〕唐天寶年間進士沈仲
曾就孔子象環作《象環賦》說：「佩服之設，惟德是瞻，夫子之服素而博，夫
子之德稱而廉。……服用有則，捨寶佩庶，以彰其無位……得禮容之不選，
著盛德之日新，環之質兮，取其終始罔遺；象之齒也，取其堅白可珍。體夫
子之歷聘周流，似夫子之從時屈伸，象環之制兮，其義不淺……」孔穎達《禮
記正義》以及沈仲《象環賦》關於象環五寸的解釋，未必全符合事實，卻是
依據孔子「文質彬彬」的審美理想而做的發揮。

　　既然與一定的道德規範相比附，服飾本身，就成了抽象道德規範的一個
具象的提示。君子之德行要與所著服飾相稱。君子的服飾，即是君子道德的
象徵，衣冠的端正，便象徵著道德的端正。君子服飾是內心德行的外化，服
飾也可以反作用於德行。有德行的君子，服飾容貌必與德行相稱；而莊敬有
禮的服飾，則有利於德行的培養，服飾容貌的不莊敬，則可能有傷於德。用
後來的《禮記・祭義》中的話說，就是「外貌斯須不莊不敬，而慢易之心入
之矣。」因此，孔子弟子子路可以「衣敝縕袍，與衣狐貉者立而不恥」，卻又
在臨危之際還不忘「君子死，冠不免」衣冠穿戴原則。周敬王四十年（公元

―――――――――

〔註49〕〔漢〕鄭玄注、〔唐〕孔穎達疏《禮記正義》，〔清〕阮元校刻《十三經注疏》
　　　　本，中華書局 1980 年版，第 1482、1483 頁。

前 480 年）三月，衛國太子發生變亂，作爲衛國孔氏邑宰的子路拒絕逃難，決意死國，作戰中被砍斷冠纓，「子路曰：『君子死，冠不免。』結纓而死。」〔註 50〕冠纓又稱冠綾，用來繫結和固定冠冕，冠纓斷，冠則委地，子路繫好冠纓才從容赴難，正是因爲端正的衣冠是端正的品行的象徵，而在子路眼中，無疑端正的品行又比苟活的生命更爲寶貴。

除了要求服飾與人的社會身份、嘉行仁德統一起來，便身利事、順應生產技術的發展等特點也是服飾之「質」「盡善」的表現。《論語‧鄉黨》曰「褻裘長，短有袂」，爲了保暖，居家穿的皮襖做得較長，但是右邊的袖子要做得短些，是爲了便於活動。《論語‧子罕》云：「麻冕，禮也，今也純，儉，吾從眾。」「麻冕者何，周宗廟之冠也」，《尚書‧顧命》云：「王麻冕黼裳，由賓階躋，卿士邦君麻冕蟻裳，入即位，太保、太史、太宗皆麻冕彤裳。」春秋時代還沒有棉布，織物主要爲麻織品、絲織品及葛織品。朱熹《集注》：「麻冕，緇布冠也。純，絲也。儉，謂省約。緇布冠，以三十升布爲之，升八十縷，則其經二千四百縷矣。細密難成，不如用絲之省約。」〔註 51〕麻冕所用麻布太費人力，純爲絲織品，在孔子時代比麻布製造要省工，因此用絲料代替麻料來做禮帽。這與《論語‧八佾》「禮，與其奢也，寧儉」的思想也是一致的。

在「文質彬彬」的審美理想中，孔子雖然對「文」相當重視，「所謂『煥乎！其有文章』（《論語‧泰伯》）就是對堯之時代所創立的雕琢文飾的感官文化的讚譽，所謂『菲飲食而致孝乎鬼神，惡衣服而致美乎黻冕』就是對禹之時代所創立的絢麗多彩的禮儀服飾的襃揚，而所謂『周監於二代，郁郁乎文哉』則正是『吾從周』的必要前提」，〔註 52〕但是，孔子所強調的「文」，是尊卑有序的禮樂之「文」，不是以感官享樂爲目的的娛樂之「文」。「禮壞樂崩」之後的服飾，對於舒適華美的感性追求，從別貴賤、辨等威的政治—倫理追求中分化出來，這一分化，跟衣服與黻冕的區分密切相關。孔子《論語‧泰伯》稱「禹，吾無間然矣。菲飲食而致孝乎鬼神；惡衣服而致美乎黻冕」，將衣服與黻冕對舉，衣服，是保護身體遮體蔽形的日常衣著，爲人與獸的區分

〔註 50〕《史記‧衛康叔世家》。

〔註 51〕朱熹《論語集注》，《四書集注》本，陳戍國點校，嶽麓書社 1987 年版，第 158 頁。

〔註 52〕《陳炎自選集》，廣西師範大學出版社 2002 年版，第 63 頁。

標誌，天子百姓尊卑貴賤都要穿著；黼冕，是事神致福及國家典禮的禮儀服飾，爲貴與賤的區分標誌，只有天子貴胄才能穿用。賈誼《新書・服疑》曰：「制服之道，取至適至和以予民，至美至神進之帝。」衣服要「至適至和」，而黼冕則要「至美至神」。可見孔子「文質彬彬」的文，講究的不是華美奢侈，而是合乎禮儀，「文質彬彬」之文采華美，說的不是遮體蔽寒的「衣服」，而主要指以黼冕爲代表的禮儀服飾。由此可以理解，何以孔子一方面強調「文質彬彬，然後君子」，另一方面，卻又提出，「士志於道，而恥惡衣惡食者，未足與議也」，〔註53〕並且讚揚弟子子路「衣敝縕袍，與衣狐貉者立而不恥者，其由也與？『不忮不求，何用不臧？』」〔註54〕

〔註53〕《論語・里仁》。
〔註54〕《論語・子罕》。

第五章 戰國：「天人合一」哲學觀下的服飾「比德」

　　當西周統治者用「以德配天」來解釋自己權力的合法性時，對有道德的祖先神的崇拜，取代了殷商人對以神性爲主的「帝」的崇拜。「以天爲宗，以德爲本」，天成爲人的道德行爲的終極標準，德成爲天與人共同遵循的原則，人則可以通過自己的德行對天命發生影響。天命使人的道德準則具有了神性色彩，天的神性曲折地肯定了道德行爲的合理性。春秋時代，「當天的神性權威在社會動亂中被懷疑之後……實用理性成爲亂世的思想主潮，孔子以「仁」來塡補「天」的空缺。仁與天具有同樣的神聖性，只是這神聖性不是來自於天上，而是就絷在人間，不是外在威嚇，而是心靈的自覺」。〔註1〕另一方面，以陰陽辯證思維爲主要特徵的中國古代傳統思維模式重結構、重功能的素樸「系統論傾向，與中國古代理性感性未經充分分裂從而統一發展的「民族心理結構」一起，促成了中國古代天、地、人同構共感宇宙觀的產生。〔註2〕以孔子爲代表的原始儒學，「以仁釋禮」，從人自身出發，爲外在的倫理綱常找到了一個以血緣親情爲出發點的內在的心理依據，而天、地、人同構共感的宇宙觀，則爲禮的合理性提供了一個以宇宙秩序爲藍本的終極依據。

　　在自然——人——社會三者的關係中，以《論語》爲代表的原始儒學，重點關注的是人與社會的關係，服飾作爲自我調整的重要方式，成爲調整人

〔註1〕 李澤厚、劉綱紀《中國美學史・先秦兩漢編》，安徽文藝出版社 1999 年版，第 55 頁。
〔註2〕 《陳炎自選集》，廣西師範大學出版社 2002 年版，第 75～76 頁，95 頁。

與人之間關係、調整人與社會之間關係的重要手段。天、地、人同構共感的宇宙觀，則通過關注人與自然的關係，來關注人與社會的關係，服飾作為自我調整的方式，又成為調整人與自然關係，並在此基礎上調整人與社會關係的重要手段。原始儒學對於君子道德修養的強調，天、地、人同構共感的宇宙觀對於天道、人道異質同構的強調，都通過「比興」或者象徵方法在服飾上得以反應，形成了對中國古代服飾審美文化的發展影響極大的服飾「比德」觀。從廣義上說，服飾所比之「德」，既包括了「人倫之德」，也包括了「天地之德」。由於「天地之德」最終總是被用來作為「人倫之德」的終極依據，因此，服飾所比「天地之德」，又可以最終都歸結為服飾所比「人倫之德」。

《周易·繫辭下》曰：「古者包羲氏之王天下也，仰則觀象於天，俯則觀法於地，觀鳥獸之文，與地之宜，近取諸身，遠取諸物，於是始作八卦，以通神明之德，以類萬物之情。」「近取諸身，遠取諸物」的比類推理方法，在《周易》中表現為卦象爻辭，在《詩經》中表現為「比興」手法，在服飾上表現為「比德」，三者取象雖然不同，但都試圖通過立象「以通神明之德，以類萬物之情」，都有「其稱名也小，其取類也大」的特點。這種取象比類、引類旁通的方法，使服飾能夠通過與人倫道德的異質同構來言志抒情，通過與天地之道的異質同構來溝通天人。通過服飾，人與社會一體，人與自然融合，人與社會的和諧跟人與自然的和諧達成了一致。承載著「天地之德」與「人倫道德」的服飾，使天道與人道、自然與人為達到了和諧統一，成為「天人相和」的橋梁。

一、象法天地：中國古代服飾中的天道

受中國古代天、地、人同構共感的哲學觀宇宙觀的影響，「象法天地」成為工藝製作和藝術創造的重要原則之一。「象法天地」的原則，在中國古代建築中體現得最為明顯。據《吳越春秋·闔閭內傳》記載，春秋時期伍子胥受命造闔閭城，即「象天法地，造築大城，周回四十七里。陸門八，以象天八風。水門八，以法地八聰」。這一原則在秦漢建築中記載最多，著名的始皇陵「以水銀為百川江河大海，機相灌輸，上具天文，下具地理」，〔註3〕東漢班固《西都賦》中有「其宮室也，體象乎天地，經緯乎陰陽，據坤靈之正位，

〔註3〕《史記·秦始皇本紀》。

仿太紫之圓方」的記載，而中國古代著名禮制建築辟雍和明堂，也遵循著象法天地的建築原則，班固《白虎通・辟雍》記載，「辟者，璧也，象璧圓以法天也。雍者，壅之以水，象教化流行也」，「明堂上圓下方，八窗四闥，布政之宮，在國之陽。上圓法天，下方法地，八窗象八風，四闥法四時，九宮法九州，十二坐法十二月，三十六戶法三十六雨，七十二牖法七十二風」。除了建築，象法天地的造物原則還體現在中國古代許多器具製作上，如圍棋的「圓奩象天，方局法地」，〔註 4〕又如銅錢的外圓象天，內方象地，外圓內方象徵天地抱合，陰陽相就，因此銅錢圖案又被視作吉祥圖案，被廣泛用於服飾刺繡、吉祥年畫之中。象法天地的原則與禮樂教化的政治思想相結合，成為決定中國古代服飾形制、顏色、圖案等形式美的重要因素，對中國古代服飾審美文化產生了極大的影響。

（一）天道：服飾合理性的終極依據

天、地、人同構共感的宇宙觀，又被稱作「天人合一」。「在許多東方傳統中實際上強調身體的經驗，並把它看成是對於世界的神秘主義體驗的關鍵。我們健康的時候，不會感到身體中哪一部分是可以分開的，而是把它看成一個整體；這種意識就產生了良好和愉快的感覺。同樣，神秘主義者意識到整個宇宙的統一，這是一種對於身體經驗的推廣」。〔註 5〕這種「對於身體經驗的推廣」，在中國古代具體表現為天、地、人同構共感的宇宙觀。

「天人合一」的思想，在春秋時代即已初見端倪，《左傳・成公十三年》所記周室貴族劉康公的言論，已有了天人合一的思想萌芽。而「天人合一」的說法，則出現很晚。漢代董仲舒《春秋繁露・陰陽義》曾說：「以類合之，天人一也」，《春秋繁露・深察名號》說：「天人之際，合而為一」，被認為是「天人合一」較早的較為明確的提法，真正使用了「天人合一」一詞的，最早見於宋代張載的《正蒙・乾稱》：「儒者則因明致誠，因誠致明，故天人合一，致學而可以成聖，得天而未始遺人。」程顥在論述天人關係時，雖然不贊同講天人「合」一，但是，他的不贊同，乃是因為「天人一也，更不分別」，

〔註 4〕〔唐〕歐陽詢《藝文類聚》卷七十四錄梁武帝《圍棋賦》，上海古籍出版社 1999年版，第 1272 頁。

〔註 5〕灌耕編譯《現代物理學與東方神秘主義》，四川人民出版社 1984 年版，第242 頁。

「天人本無二，不必言合」，〔註6〕說的其實也是天人同構共感。在中國古代，天、地、人同構共感的宇宙觀，是服飾審美文化肇始之時重要的理論基礎，可以用來解釋中國古代服飾形制、顏色、圖案等多方面審美特徵的產生機理。

「中國有禮義之大，故稱夏；有服章之美，謂之華。華、夏一也」，〔註7〕中國號稱「禮義之邦」，是從「禮義之大」的角度來說的，中國又號稱「衣冠王國」，是從「服章之美」的角度來說的。「禮義之邦」與「衣冠王國」是二而一、一而二的關係：禮義是衣冠所要表現的內容，衣冠則是禮義的代表形式。中國古代社會的禮，不僅體現在政法文教、禮樂兵刑、冠昏喪祭之中，也體現在日常生活的衣食住行各個方面。禮的作用，就在於通過各種儀式以及衣食住行的諸項規定來規範與協調人間的秩序。《禮記·禮運》曰：「夫禮，先王以承天之道，以治人之情。」按照《禮記·禮運》的說法，似乎禮的意義，既在於「承天之道」，又在於「治人之情」，而實際上，「承天之道」的說法，只是爲了給「治人之情」的禮，尋找一個天然合法的終極依據。禮的真正目的只有一個，便是「治人之情」，也就是規範和調節人間社會的秩序。另一方面，禮的另一個原則，在於「稱情以立文」，此爲「無易之道也」，〔註8〕禮要「稱情」，這裡又爲禮找到了另一個合理性依據，即人情。由此可以知道，禮之合理性依據有二：一爲「人情」，即宗法文化背景下以血緣親情爲核心的人倫情感；一爲「天道」，即「天人合一」思想背景下被倫理道德化了的天地宇宙秩序。《禮記·喪服四制》曰：「凡禮之大體，體天地，法四時，則陰陽，順人情，故謂之禮」，天地、四時、陰陽，都是「天道」，「人情」則是以血緣親情爲核心的人倫情感。《禮記》中的這個說法，便是對禮的兩個合理性依據的總結。

那麼，天道與禮樂具體是怎樣關聯起來的呢？《左傳·成公十三年》貴族劉康公的言論，爲「天人合一」思想的較早的表述：「吾聞之：民受天地之中以生，所謂命民。是以有動作禮義威儀之則，以定命也。」人「受天地之中以生」，被看作是宇宙之精華，此是天之「命民」，天地又授予人「動作禮義威儀之則」以規範人間秩序，此即所謂「定命」。《禮記·樂記》曰：「大樂

〔註6〕《河南程氏遺書》卷二上，《二程集》，中華書局 2004 年版，第 20 頁。

〔註7〕見《左傳·定公十年》「裔不謀夏，夷不亂華」條下孔穎達《疏》，〔晉〕杜預注、〔唐〕孔穎達《春秋左傳正義》，〔清〕阮元校刻《十三經注疏》本，中華書局 1980 年版，第 446 頁。

〔註8〕《禮記·三年問》。

與天地同和,大禮與天地同節」,禮樂既然出自於天,其興作便還要照法天地
的秩序,即《禮記・喪服四制》所謂的「體天地,法四時,則陰陽」,由於天
地宇宙與人間社會,都遵照同一秩序構成,因此作為規範人之行為的禮,又
可以被稱作「上下之紀、天地之經緯」,是「天之經」「地之義」。《左傳・昭
公二十五年》曰:「夫禮,天之經也,地之義也,民之行也。天地之經,而民
實則之。則天之明,因地之性,生其六氣,用其五行……為君臣上下,以則
地義。為夫婦外內,以經二物。為父子、兄弟、姑姊、甥舅、昏媾、姻亞,
以象天明……哀有哭泣,樂有歌舞……哀樂不失,乃能協於天地之性,是以
長久……禮,上下之紀、天地之經緯也,民之所以生也,是以先王尚之。」
在此,天地陰陽已具備了上下尊卑的人倫道德的意義,用《易傳・繫辭上》
中的話說,也就是「天尊地卑,乾坤定矣。卑高以陳,貴賤位矣」。

　　一般認為,《易傳・繫辭》為戰國中期的作品,[註9]而《禮記・樂記》
雖然為漢代人編著,其中有不少是引用《易傳・繫辭》之處,但是一般認為
它反映的是戰國末年以前的思想。先秦的儒者,從「人」的角度出發,將視
線由「人」轉向「天」,又回到「人」,為人類社會等級秩序的合理性尋求一
個外在的終極依據。在《左傳・成公十三年》所載劉康公言論中,將「人」
當做「天」的產物,「民受天地之中以生」,因此人有「動作禮義威儀之則」;
而《易傳・繫辭上》中,「天尊地卑」,天地已被賦予了尊卑貴賤的倫理政治
含義,到了《禮記・樂記》中,此時的儒者,已經為禮樂的合理性明確了天
地宇宙秩序的終極依據,於是,按照《禮記・樂記》的觀點,本來天地宇宙
中,已蘊含著禮的結構,聖人王者所制禮樂,是照法天地所蘊含的這種禮的
結構而製成的,所謂「聖人作樂以應天,制禮以配地」,聖人所制禮樂,要以
天地宇宙秩序為原則,「故聖人作則,必以天地為本,以陰陽為端,以四時為
柄,以日星為紀。」

　　孔子「以仁釋禮」,是從人自身出發,為禮的合理性找到了一個以血緣親情
為出發點的內在依據,而天地人同構共感的宇宙觀,則為禮的合理性提供了一
個以宇宙秩序為藍本的終極依據。作為禮的重要組成部分,服飾制度的目的也
在於「治人之情」,其合理性也有兩個來源:它既是人以血緣親情為主體的情感
的延伸,又要從宇宙天地的秩序中尋求自己的合理性依據。也就是說,一方面,
服飾通過形制、顏色等因素來象徵天道,成了「承天之道」的載體,另一方面,

〔註 9〕 參見周振甫《周易譯注》,中華書局 1991 年版,第 19 頁。

服飾又要「稱情以立文」，又成爲人倫情感的表現和標誌。前者在服飾上的突出體現是孝服，後者則主要表現在服飾中的各種象徵意義上。

儒家的「天道」，來自於對天地宇宙、日月星辰運行規律的觀察和想像，是將天地宇宙運行的自然規律倫理道德化了的結果。作爲服飾合理性的終極依據，「天道」既是對服飾制度的解釋，也影響了中國古代服飾對形制、顏色、圖案的選擇。服飾通過形制、顏色、圖案等要素，來體現古人對於天地宇宙運行規律的觀察和想像。如此說來，「天道」在服飾中得以表現，人類社會的等級秩序在服飾中得以標誌，服飾是將來自「宇宙」的自然秩序，投射到「歷史」的社會秩序之中，社會的尊卑等級秩序，通過服飾，獲得了與天地宇宙的自然秩序同樣的權威性與合理性。

「四方上下曰宇，古往今來曰宙，以喻天地」，〔註10〕在古人眼中，作爲空間存在的宇，與作爲時間存在的宙，都是規範而有序的。在空間關係上，天上而地下，天尊而地卑，有中央有四方，而中央統轄四方，時間關係上，有四時十二月，而爲了與空間的中央四方相對應，又在四季當中，獨獨區分出一個季夏，以時間上的季夏與空間上的中央相對應，時間上的四時與空間上的四方相對應。「天地四方的『序差格局』投射於人間『親疏上下』，使人們心目中有了天然合理的等級差異觀念」，〔註11〕也就是「天尊地卑，君臣定矣。卑高已陳，貴賤位矣」，〔註12〕而服飾，作爲禮的一部分，則進一步確認、強化和標誌了這種等級差異。宇宙天地的自然秩序，在獲得了倫理道德的意義之後，被奉爲神聖的「天道」，投射到作爲禮之一部分的服飾之上，而服飾則通過象徵手段；一方面映像出神聖的「天道」，另一方面標誌並確認了世俗的尊卑等級秩序的「人道」。因此，從這一角度說，通過象徵，服飾溝通了神聖的「天道」與世俗的「人道」，強化了人們對於天、人共同秩序的認同。

根據榮格的說法，「象徵是某種隱秘的，但卻是人所共知之物的外部特徵。象徵的意義在於：試圖用類推法闡明仍隱藏於人所不知的領域，以及正在形成的領域之中的現象」，〔註13〕用服飾來象徵天地宇宙的神聖秩序，也是

〔註10〕《淮南子・原道訓》高誘注。
〔註11〕 葛兆光《中國思想史》（第一卷），復旦大學出版社 2001 年版，第 56 頁。
〔註12〕《禮記・樂記》
〔註13〕〔瑞士〕榮格《分析心理學的理論與實踐》（第三卷），三聯書店 1991 年版，第 24 頁。

用「類推法」來闡明人們心目中的天地宇宙秩序。服飾的象徵，如何以類推法來闡明人們心目中的天地宇宙秩序呢？烏格里諾維奇說：「象徵是一種記號。跟其他任何記號一樣，象徵在認識過程中是實在的對象、過程和現象的借代。可是，跟其他任何記號不同，象徵往往與所標誌的客體部分相似。在許多場合，動植物、自然現象或人們活動的產物等形象，借作某些客體的象徵，從中可以直接看到這些形象同所象徵的對象相似的特徵，或者通過聯想發覺二者之間的聯繫。」〔註14〕只有服飾與古人觀念中的天地秩序有相似的特徵，或者有「通過聯想發覺」的聯繫，服飾才能實現對天地秩序的象徵。在服飾這方面，主要有形制、顏色、質料三個重要的外觀特徵；在天地宇宙的秩序這方面，古人用天地、四時、陰陽、五行等概念來歸納和描述天地宇宙秩序，並進而將天地、四時、陰陽、五行等概念與一些特殊的數字——定數，以及某些特定的顏色聯繫到一起，這就使服飾通過形制和顏色來象徵天道，具有了可能性和可操作性。

「一花一世界，一葉一如來」，受「天人合一」宇宙觀的影響，在中國古代繪畫中，無論一花一葉，還是一山一水，都要於具體的花葉山水形象中蘊藏天道，並在此基礎上實現心靈與自然的契合。這一思路同樣適用於服飾，一衣一裳，一佩一飾，都要能夠「體天地，法四時，則陰陽」。具體說來，服飾主要通過形制及顏色兩個途徑來「象天法地」、確認社會等級秩序，而影響了服飾形制、顏色、圖案的主要因素，除了天地、四時、陰陽，還包括與天地、陰陽相關的五行思想、十二月的劃分等。

（二）服飾形制中的定數與象形

先秦時期，天地宇宙的自然法則，已經被歸納為各種特定的數字，這些「數字化概念」，「由於它得到古人心目中的宇宙天地秩序的支持而擁有天然的合理性」，〔註15〕同時也使服飾對「天道」的體現，以及用「天道」來解釋服飾，具有了可操作性。

在古人描述「天道」的數字概念之中，奇、偶數被視為彼此對立的最重要的一對數，分別對應著天與地、男與女、陽與陰、日與月、白與黑等事物或現象。奇、偶數被用來解釋服飾，最突出的是對上衣下裳的解釋，「乾天

〔註14〕〔蘇〕烏格里諾維奇《藝術與宗教》，三聯書店 1987 年版，第 121 頁。
〔註15〕葛兆光《中國思想史》（第一卷），復旦大學出版社 2001 年版，第 61 頁。

在上，衣象，衣上闊而圓，有陽奇象。坤地在下，裳象，裳下兩股，有陰偶象。上衣下裳，不可顛倒，使人知尊卑上下，不可亂，則民自定，天下治矣」。〔註16〕上衣因前後相屬爲一片，爲奇數，爲天，爲陽；下裳因前後兩片而爲偶數，爲地，爲陰，二者合在一起，象徵著天尊地卑的「天道」與君尊臣卑的「人道」。上衣既爲天，爲陽，冕服中，上衣所繪圖案章數，除了大裘冕共十二章，上衣爲六章，以及玄冕共一章，上衣不加章飾外，冕服上衣的章紋數目都爲奇數：如五章、三章、一章；而冕服的下裳，除了玄冕一章，下裳只有一章外，冕服下裳的章紋數目都爲偶數，如六章、四章、二章。

中國古代服飾中，最突出的是對數字「十二」的重視。《禮記・郊特牲》規定郊祭時帝王的服飾說：「祭之日，王被袞以象天，戴冕璪十有二旒，則天數也。」《周禮・夏官・弁師》：「掌王之五冕，皆玄冕朱裏，延紐，五采繅十有二就，皆五采玉十有二。」帝王的冕冠，冕板前後懸著以五彩絲繩串起來的玉，這些五彩絲繩又被稱作「藻」，以藻穿玉，冕冠前後的玉串便被稱作「玉藻」。帝王冕冠玉藻十二旒，每旒又貫十二塊玉，每玉相間一寸，因此每旒又長十二寸。此外，帝王最高級別的冕服上，要繡績十二章章紋。深衣是中國古代穿用最普遍的服裝之一，帝王貴冑、平民百姓都可以穿用，祭祀、宴飲、燕居、軍旅都可以適用，深衣的形制，《禮記・深衣》載：「古者深衣蓋有制度……制十有二幅，以應十有二月。」鄭玄注：「裳六幅，幅分之以爲上下之殺。」〔註17〕就是說，深衣的下裳用六幅面料，每幅交解裁成兩片，因此共計爲十二幅，這是象徵一年的 12 個月。

從冕冠到深衣，古代服飾對於十二這一數字的重視，反映了古人取法天數的意識。在中國古代，天時以「十二」爲紀，《周禮・春官・馮相氏》有「掌十有二歲、十有二月、十有二辰」之說，古人以歲星（即木星）運行爲紀時標誌，認爲歲星十二年繞天一周，每年所在的位置叫作一次，故周天爲十二次；以月之圓缺爲標誌，十二次圓缺爲一年，故一年爲十二個月。一周天十二歲，一歲十二月，一天十二辰，十二被看作是天之大數，《左傳・哀公七年》曰：「周之王也，制禮，上物不過十二，以爲天之大數也。」杜預注：「天有

〔註16〕《古今圖書集成・禮儀典》。

〔註17〕〔漢〕鄭玄注、〔唐〕孔穎達疏《禮記正義》，〔清〕阮元校刻《十三經注疏》本，中華書局 1980 年版，第 436 頁。

十二次，故制禮象之。」「十二」作爲天數，成爲包括服飾在內的各種事物的「定數」：空間劃分上有十二州，天子之旗也要「十有二旒」，連司馬遷做《史記》都要湊足十二紀……

在形制上，服飾除了通過數字來溝通「天道」與「人道」，也採用象形的方式來表現「天道」，規範人道。「在一切原始民族當中，天圓地方說無疑是最早出現的、樸素的、直觀的宇宙圖式」，〔註18〕中國古代也認爲，「方屬地，圓屬天，天圓地方」，〔註19〕因此，天又可被稱作「圓」，地又可被稱作「方」，《楚辭・天問》云：「圓則九重」，「地方九則」。玉琮一般被認爲是古人祭祀天地的神器，其內圓代表天，外方代表地，通孔則表示天地間的溝通，則玉琮就是天圓地方觀念的產物，而1982年江蘇武進寺墩良渚文化遺址出土的玉琮，以及1986年浙江餘杭反山良渚文化遺址出土的玉琮，則將天圓地方觀念的產生時間，推到了公元前三千年以前。〔註20〕在天人合一的思想背景之下，在天圓地方概念的影響下，人本身的圓顱方趾，已被看作天道與地道的感性形式，而對於祭壇、宮室、服飾等的造作，更是要「上法圓天以順三光，下法方地以順四時」了。〔註21〕因此，通常人所戴的冠帽，多爲圓形，所穿之舄履，多爲方頭（如秦始皇陵兵馬俑便著方口翹頭履、方口翹尖履、方口齊頭履），〔註22〕所謂戴圓履方、戴天履地，這既是便身利事的需要，又是法象天地的表現。帝王冕冠的冕板，是前圓後方，冕板中央有一條被稱作「天河帶」的長絲帶長垂至下裳，冕板的前圓象天，後方象地，天河帶從頭頂垂下，貫通上衣下裳，象徵天地交合，這是純粹的象法天地了。

除了天道定數和天圓地方的觀念，陰陽觀念也會影響到對服飾製作工藝的解釋，而對服飾製作工藝的陰陽五行化的解釋，又會將某種服飾製作工藝手段固定下來。例如，古代冕服上的章紋圖案有兩種製作方式，一爲畫繢，二爲刺繡，通常冕服上衣的案用畫繢的方法制作，冕服下裳的圖案用刺繡的方法制作，《周禮・春官・司服》賈公彥《疏》對此的解釋是：「衣是陽，陽

〔註18〕鄭文光編著《中國天文學源流》，科學出版社1979年版，第203頁。

〔註19〕《周髀算經》。

〔註20〕參見葛兆光《中國思想史》（第一卷），復旦大學出版社2001年版，第36～37頁。

〔註21〕《莊子・說劍》。

〔註22〕參見蔡子諤《中國服飾美學史》，河北美術出版社2001年版，第12頁、34頁。

至輕浮，畫亦輕浮，故衣績也……裳主陰，刺亦是沉深之義，故裳刺也。」
〔註23〕

（三）服飾顏色與五行

顏色是服飾最鮮明，因而也是最重要的外觀特徵，因此，通過服飾顏色來象徵天道秩序，也是「法天象地」的最便捷的途徑。

顏色較早被用來象徵天地，周代天子祭天時，玄衣而纁裳，玄衣為黑色上衣，纁裳為赤黃色（一說淺絳色）下裳。《禮記·玉藻》說：「衣正色，裳間色。」鄭玄注：「謂冕服玄上纁下。」孔穎達疏：「玄是天色，故為正；纁是地色，赤黃之雜，故為間色。」〔註24〕與冕服相配的冕冠，主要由最上端的冕板，將冕固著在頭上的帽卷、笄、帽圈（又稱武）以及前後冕旒組成。冕板又稱「延」，或者「綖」，是由薄木板製成的冕板，冕板上面塗玄色以象徵天，下面塗纁色以象徵地，「上玄下纁」與「玄衣纁裳」意義一致。先秦時期，玄（黑）色被認為是天的顏色，天為至尊，故玄（黑）色也為顏色中的至尊。

除了以玄衣纁裳來象徵天地之色，對服飾顏色影響最大的因素，是顏色的陰陽五行化。顏色在被陰陽五行化之後，服飾通過顏色來象徵宇宙秩序，才具有了可操作性，天道與人道，才可能被融合到服飾所呈現的鮮明顏色當中去。

周代天子在祀天時所穿的鞋履，通常為絲製、木製複底，被稱作「舄」，即《詩·豳風·狼跋》中所謂「赤舄几几」。《毛傳》：「赤舄，人君之盛屨也。」孔穎達疏：「《天官·屨人》，掌王之服屨，為赤舄、黑舄。注云：『王吉服有九，舄有三等，赤舄為上』，冕服之舄，『下有白舄黑舄』。然則赤舄是舄之最上，故云『人君之盛屨也』。」《後漢書·輿服志下》：「赤舄絇屨，以祠天地。」而《詩·小雅·車攻》中所謂的「赤芾金舄，會同有繹」之金舄，也是一種赤舄，一種加了金飾的赤舄，孔穎達疏：「此云『金舄』者，即《禮》之『赤舄』也……加金為飾，故謂之金舄。」〔註25〕周天子之之舄有三種顏色：白、

〔註23〕〔漢〕鄭玄注、唐賈公彥疏《周禮注疏》，〔清〕阮元校刻《十三經注疏》本，中華書局1980年版，第143～144頁。

〔註24〕〔漢〕鄭玄注、〔唐〕孔穎達疏《禮記正義》，〔清〕阮元校刻《十三經注疏》本，中華書局1980年版，第249頁。

〔註25〕〔漢〕鄭玄注、〔唐〕孔穎達疏《毛詩正義》，〔清〕阮元校刻《十三經注疏》本，中華書局1980年版，第428頁。

黑、赤。以赤舄爲上服，因爲「赤者盛陽之色，表陽明之義」，而周代王后也有三種顏色的舄，分別爲赤、青、玄。但與天子以赤舄爲上服不同，王后則以玄色爲上服，因爲「玄者正陰之色，表幽陰之義。」玄爲黑色。赤色成了「盛陽之色」，黑色成了「正陰之色」，所以天子在最隆重場合穿赤舄，王后穿玄舄，這是顏色被陰陽化之後對服飾顏色選擇的影響。

對於服飾顏色影響最大的因素是顏色的五行化。學術界一般認爲，五行說的產生時間較晚，梁啓超《陰陽五行說之來歷》認爲，「春秋戰國以前，所謂陰陽，所謂五行，其語甚罕見，其義極平淡……其始蓋起於燕齊方士，而建設之，傳播之，宜負罪責者三人焉，曰鄒衍，曰董仲舒，曰劉向」；而顧頡剛《五德終始說的政治與歷史》則明確地說：「五行說起於戰國的後期」，「鄒衍是始創五行說的人」。〔註26〕雖然「五行」概念的定型比較晚，但至少在春秋時期，五行思想已經被人們用來解釋宇宙規律和社會秩序了。《左傳·昭公十二年》記載：「南蒯之將叛也……筮之，遇《坤》䷁之《比》䷇，曰：『黃裳元吉。』以爲大吉也，示子服惠伯……惠伯曰：『……黃裳元吉。黃，中之色也。裳，下之飾也。……』」將黃看作「中之色」，已經具備了將顏色與方位相配的思想；《周易·坤·六五》爻辭是：「黃裳，元吉。」《象傳》則解釋：「『黃裳元吉』，文在中也。」也是將五色與五方相對應的意思；而《左傳·昭公二十五年》子大叔引用子產的言論來論述禮時說：「則天之明，因地之性，生其六氣，用其五行。氣爲五味，發爲五色，章爲五聲……」則五行已與五味、五色、五聲聯繫起來了。

五行說萌芽於古人對自然的長期觀察和勞動實踐。《國語·鄭語》曰：「先王以土與金、木、水、火雜以成百物。」五行說是將世間萬物歸結爲金、木、水、火、土五種物質，並進而將這五種物質與各種自然的、社會的，具體的、抽象的事物相比附、相對應，試圖構成一張包羅天地萬物、人間萬象的宇宙和社會結構圖式，來解釋自然與社會的發展規律。

與木、火、土、金、水五行對應，古人將情感分作怒、喜、思、憂、愁五情；將道德分作仁、禮、信、義、智五德；將味道分作酸、苦、甘、辛、鹹五味；將樂音分作宮、商、角、徵、羽五音；將空間分作東、南、中、西、北五方或者左、上、中、右、下五位；在顏色中取青、赤、黃、白、黑五正

色作五色……五行、五音、五聲、五色、五味、五情、五德等相互對應，天地、社會間的一切，無論是顏色、味道、樂音，時間、空間，還是人的生理、心理、道德、鬼神，由於五行的關聯，構成了一個互相聯繫的統一的整體（參見附表二）。

在天地宇宙人生社會這一個大的整體當中，任何部分都與其他部分相互關聯，任何部分的變化都會引起其他部分乃至整體的變化，並且，由這一整體當中某種成分的變化，可以預測出其他某一種或者幾種成分的變化。任何事物的性質、意義和發展，都不是由該事物自己來決定，而是由該事物所處的這個整體網絡來決定。「任何事物的部分都不是由這個部分決定，而是由這個橫縱網絡決定的」〔註27〕這種以木、火、土、金、水所謂「五行」爲主幹，用類推的方式在顏色、聲音、數字、味道等一切事物當中建立起來的對應關係，對於中國古代服飾、建築等工藝產生了重大的影響，使服飾、建築等工藝通過顏色、形質以實現與天地宇宙的異質同構從而溝通天人，具備了很強的可操作性。在五行、五方、五味、五時等的普遍對應關係中，對中國古代服飾顏色和形制選擇構成重大影響的，主要是五行與五色、五方、五時之間的對應關係。到了漢代，在董仲舒的解釋下，服飾與五獸的關係也密切起來。

《禮記・禮運》認爲：「五行之動，迭相竭也。五行、四時、十二月，還相爲本也。五聲、六律、十二管，還相爲宮也。五味、六和、十二食，還相爲質也。五色、六章、十二衣，還相爲質也。」五行播於四時則生十二月，五聲播於六律而生十二管，五味播於六和則生十二食，五色播於六章則生十二衣，在這種認識的基礎上，《禮記・月令》才可能依據五行、五聲、五味、五色的對應關係，對天子四時十二月飲食起居、祭祀政令作出儒者心目中的理想安排，就服飾來說，基本來上是通過天子服飾顏色的五色青、赤、黃、白、黑，來分別對應春、夏、季夏、秋、冬五時。具體說來，即孟春之月、仲春之月與季春之月天子應「衣青衣，服倉玉」；孟夏之月、仲夏之月天子應「衣朱衣，服赤玉」；季夏之月（夏秋之間）天子應「衣黃衣，服黃玉」；孟秋之月、仲秋之月與季秋之月天子應「衣白衣，服白玉」；孟冬之月、仲秋之月、季秋之月天子則應「衣黑衣，服玄玉」。

漢代董仲舒在將經學「陰陽五行」化的過程中，對於包括服飾在內的各項禮制也給予了「陰陽五行」化的解釋。《春秋繁露・服制像》中，依據服飾

〔註27〕張法《中國美學史》，上海人民出版社 2000 年版，第 93 頁。

相對於人體所處的方位，將服飾與五獸一一對應：「天地之生萬物也以養人，故其可適者以養身體，其可威者以為容服，禮之所為興也。劍之在左，青龍之象也。刀之在右，白虎之象也。戟之在前，赤鳥之象也。冠之在首，玄武之象也。四者，人之盛飾也。夫能通古今，別然不然，乃能服此也。」在這裡，服飾既要通過不同方位與五行五獸相對應，又要與人的品行相對應，服飾既是「天地之德」的載體，又是「人倫之德」的載體，「天地之德」與「人倫之德」，共同在服飾這一載體上得到彰顯。

如果說《禮記・月令》突出了不同顏色的服飾與時間（四時十二月）的照應關係的話，那麼《周禮・冬官・考工記》則以五色代表天地四方，通過冕服上所彙集的五色，將空間的天地四方集於一身：「畫繢之事，雜五色。東方謂之青，南方謂之赤，西方謂之白，北方謂之黑，天謂之玄，地謂之黃。青與白相次也，赤與黑相次也，玄與黃相次也。青與赤謂之文，赤與白謂之章，白與黑謂之黼，黑與青謂之黻，五采備謂之繡。土以黃，其象方，天時變，火以圓，山以章，水以龍，鳥獸蛇，雜四時五色之位以章之，謂之巧。凡畫繢之事，後素功。」

五色畢集，象徵著五行生剋，代表著歲月流轉，涵蓋著天地四方。五色畢備，意味著與天地合德，與五方神靈相通，時間空間融會一體。於是天子封社要用五色土，〔註28〕傳說中女媧補蒼天用五色石，〔註29〕五色鳥、五色龜、五色雲霞、五色麒麟等的出現，都被作為盛世或者聖人出現的祥瑞而史不絕書。五色還被當作文飾與文才的象徵，因此江淹夢還郭璞五色筆而從此才盡；和凝夢人授五色筆而才思敏贍；任昉母夢五色旗鈴墮懷中而生任昉，范質母夢神人授五色筆而生范質。〔註30〕在服飾上，不僅貴族冕服要繡繢五色，即所謂「以五采彰施於五色」，〔註31〕周代時天子冕冠的每串冕旒上所貫彩玉，也要「按朱、白、蒼、黃、玄的順次排列」，〔註32〕以象徵五行生剋。在民間，五色還被當作吉祥的象徵，應劭《風俗通義》載：「閨中七夕，取五

〔註28〕《史記・夏本紀》裴駰《集解》引鄭玄曰：「土五色者，所以為大社之封。」《史記》，中華書局1982年版，第56頁。
〔註29〕《淮南子・覽冥訓》：「女媧煉五色石以補蒼天。」
〔註30〕詳參《南史・江淹傳》，《舊五代史・周書・和凝傳》，《南史・任昉傳》，《宋書・范質傳》。
〔註31〕《尚書・益稷》。
〔註32〕黃能馥、陳娟娟《中國服裝史》，中國旅遊出版社1995年版，第26頁。

色絲繩繫臂上，謂之五色長命縷。」直到今天，民間依然以五色絲線編織吉祥物佩戴以祈福，而端午節等傳統節日，則常用五色絲線繫於未成年女孩腕上，稱做「縷數」，用以避邪。

從天地宇宙規律中總結出來的「天道」的合法性，在古人眼中是不證自明的，而服飾最大的社會作用在於通過別貴賤、辨等威、標誌身份，將自然人變成社會的人，用天道來解釋服飾的形制與顏色，實際上也是用天道作為人間秩序合理性的終極依據。天地四方的序差格局以及宇宙萬物的陰陽變化、五行生剋的所謂「天道」，被投射到人間親疏遠近、尊卑貴賤的現實等級秩序上，使等級差異在人們心目中成了天然合理的存在，而服飾則通過與天地宇宙的異質同構，使人間社會的尊卑等級秩序得以肯定和強化。因此，如果說，在遠古乃至商代，服飾作為巫術的重要載體之一，擔負著溝通神人從而達到神人以和的媒介作用，那麼在先秦理性精神的發展過程中，在「天人合一」的思想背景之下，服飾作為禮文的重要表現之一，則通過象徵將天道與人道疊映聚縮到一起。

二、「立象盡意」：中國古代服飾中的「比德」

在中國古代「天人合一」的哲學觀中，人的道德精神及人的一切活動，都能與自然交融和統一起來。《周易・乾卦・文言》曰：「夫大人者，與天地合其德，與日月合其明，與四時合其序，與鬼神合其吉凶，先天而天弗違，後天而奉天時。」在這裡，「人在社會政治倫理道德範圍內的一切活動，是屬於人的，同時又是合乎自然的，同自然完全一致的。反過來說，一切出乎自然的必然性的現象同時又都具有社會政治倫理道德的意義」。〔註33〕由於人類社會與自然現象、人倫道德與天地之德之間，普遍存在著某種異質同構性，《周易・繫辭上》中才提出「立象以盡意」的方法：「書不盡言，言不盡意。……聖人立象以盡意，設卦以盡情偽。」「立象盡意」中，所立之「象」，是「觀物取象」之象，「聖人有以見天下之賾而擬諸形容，象其物宜，是故謂之象」，這個「象」，是人「仰則觀象於天，俯則觀法於地，觀鳥獸之文，與地之宜，近取諸身，遠取諸物」（《繫辭下》）所立的「象」。「立象盡意」中，所盡之「意」，除了決疑惑、斷吉凶外，還有「君子建功立業的志氣，人格道德的完善，以

〔註33〕李澤厚、劉綱紀《中國美學史・先秦兩漢編》，安徽文藝出版社1999年版，第276頁。

及對社會國家的治理，天下安寧的實現等等密切相關的」義理。〔註34〕「立
象盡意」，是「聖人以通天下之志，以定天下之業，以斷天下之疑」（《繫辭上》）
的具體方式。

　　《周易》中「立象盡意」之「象」，主要指卦象，感性具體、形象可見的
卦象，當然不等於審美對象，卻跟詩的意象以及其它藝術形象有相通之處。《周
易·繫辭下》說：「《易》者，象也。象也者，像也。」孔穎達《正義》解釋
說：「《易》卦者，寫萬物之形象，故《易》者象也。象也者像也。謂卦爲萬
物象者，法像萬物，猶若乾卦之象法像於天也。」因此，「凡《易》者，象也，
以物象而明人事，若《詩》之比喻也。」〔註35〕從這一角度說，卦象之盡意，
與《詩》的言志，都採用了「比」的方法。《周易·繫辭下》解釋「立象以盡
意」的特點時說：「其稱名也小，其取類也大。」劉勰《文心雕龍·比興》中
則又用與此相似的話來解釋「興」：「觀夫興之託諭，婉而成章，稱名也小，
取類也大。」〔註36〕可見，「立象以盡意」，與詩之言志抒情，都採用了相似
的「比興」方法。

　　雖然「比興」方法相似，但《易》的卦象與包括《詩》的意象在內的藝
術形象有很大的不同。「《易》象是以形象來說明義理，藝術形象則是以形象
來表達情意」。〔註37〕錢鍾書分析了《易》之象與詩之象的不同：「《易》之
有象，取譬明理也……求道之能喻而理之能明，初不拘泥於某象，變其象也
可；及道之既喻而理之既明，亦不戀著於象，捨象也可。」「詩也者，有象
之言，依象以成言；捨象忘言，是無詩矣，變象易言，是別爲一詩甚且非詩
矣。」〔註38〕對於《易》象來說，同一「意」（義理）可以用不同的象來表
現，還可以「得意忘象」，但對於詩之象來說，象變了，情感也隨之變化，象
與情不可分離。服飾「比德」，是以服飾本身爲「象」，以服飾所比之「德」
爲「意」，服飾「比德」「所用方法與詩的「比興」手法也十分相近。比較而
言，服飾「比德」與《周易》的「立象以盡意」更爲相近：同樣的「德」，常

〔註34〕李澤厚、劉綱紀《中國美學史·先秦兩漢編》，安徽文藝出版社 1999 年版，
　　　　第 292 頁。
〔註35〕〔魏〕王弼、〔晉〕韓康伯注、〔唐〕孔穎達疏《周易正義》，〔清〕阮元校刻
　　　　《十三經注疏》本，中華書局 1980 年版，第 75 頁。
〔註36〕〔梁〕劉勰《文心雕龍》，范文瀾注本，人民文學出版社 1962 年版，第 601
　　　　頁。
〔註37〕葉朗《中國美學史大綱》，上海人民出版社 1985 年版，第 67 頁。
〔註38〕錢鍾書《管錐編》（第一冊），中華書局 1986 年版，第 12 頁。

常也可以用不同的「象」（服飾）來表現，如「天尊地卑」、「君尊臣卑」既可以用「上衣下裳」的組合來表現，也可以用「冠上履下」來表現；服飾所比之「德」，與《易》象所盡之「意」相近，常常爲某種義理，即使用服飾來表達感情，服飾所表達的感情，也常常是被禮義規範化了之後的情感，是「發乎情，止乎禮義」的「身份化」了的情感。因此，用「象」和「意」的二層結構來分析藝術形象，會有一定的局限性，但是用「象」與「意」來分析服飾「比德」現象，則比分析藝術形象要恰當得多。

（一）「比德」與「比興」

「比德」，最早主要爲「山水比德」，指用山水等自然物的某些屬性或者形態特徵，來象徵人的某種高尚的道德品質和精神情操。孔子的「知者樂水，仁者樂山」被認爲是「比德」的濫觴。對於知者爲什麼樂水，仁者爲什麼樂山，孔子沒有作出說明，只是進一步解釋了知者與仁者的特點，即「知者動，仁者靜；知者樂，仁者壽」。〔註39〕後世儒者對此所作的闡發，大多認爲知者樂水，仁者樂山，是因爲水的形象與知者的道德品質有相通之處，即「動」，而山的形象與仁者的道德品質有相通之處，即「靜」。如漢劉向《說苑·雜言》中記：「『夫智者何以樂水也？』曰：『泉源潰潰，不釋晝夜，其似力者；循理而行，不遺小間，其似持平者；動而之下，其似有禮者；赴千仞之壑而不疑，其似勇者；障防而清，其似知命者；不清以入，鮮潔以出，其似善化者；眾人取乎品類，以正萬物，得之則生，失之則死，其似有德者；淑淑淵淵，深不可測，其似聖者。通潤天地之間，國家以成，是知之所以樂水也。……』『夫仁者何以樂山也？』曰：『夫山……萬民之所觀仰。草木生焉，眾木立焉，飛禽萃焉，走獸休焉，寶藏殖焉，奇夫息焉，育群物而不倦焉，四方並取而不限焉。出雲風，通氣於天地之間，國家以成，是仁者所以樂山也。』」而朱熹則解釋說：「知者達於事理而周流無滯，有似於水，故樂水；仁者安於義理而厚重不遷，有似於山，故樂山。」〔註40〕

在「歲寒，然後知松柏之後凋也」中，以及「逝者如斯夫，不捨晝夜」中，〔註41〕孔子也表現出將自然景觀與人的道德品質相聯繫的趨向。經過戰國及漢代人對孔子這種趨向的發展，遂形成了比較成熟的「比德」方法。如

〔註39〕《論語·雍也》。
〔註40〕〔宋〕朱熹《論語集注》，《四書集注》本，嶽麓書社1987年版，第128頁。
〔註41〕《論語·子罕》。

《說苑‧雜言》中記載：「孔子曰：『夫水者，君子比德焉。遍與而無私，似德；所及者生，似仁；其流卑下句倨，皆循其理，似義；淺者流行，深者不測，似智；其赴百仞之谷不疑，似勇；綽弱而微達，似察；受惡不讓，似貞；包蒙不清以入，鮮潔以出，似善化；主量必平，似正；盈不求概，似度；其萬折必東，似意。……』」〔註42〕

　　「比德」，作爲中國古代較早的欣賞自然的一種審美態度，與傳統的「比興」思維有著密切的關聯。關於「比興」，最早的記載見於《周禮‧春官》，「大師……教六詩：曰風，曰賦，曰比，曰興，曰雅，曰頌。」《毛詩序》將「六詩」稱爲「六義」：「故《詩》有六義焉：一曰風，二曰賦，三曰比，四曰興，五曰雅，六曰頌。」東漢鄭眾解釋「比、興」說，「比者，比方於物……興者，託事於物」，「物」即外部世界的物象，無論是「比方於物」，還是「託事於物」，表達情志、說明事理，都離不開「物」。其後，鄭玄對比興也作了解釋：「賦之言鋪，直鋪陳今之政教善惡。比，見今之失，不敢斥言，取比類以言之。興，見今之美，嫌於媚諛，取善事以喻勸之。」如果說鄭眾是從比興作爲創作方法的角度來解釋的，那麼鄭玄則進一步解釋了比興方法在詩中的目的，後世將這一目的歸結爲「美刺」，即對時政教化、天子權貴的稱善諷惡。在鄭玄那裡，「比」是爲了「刺」，「興」則是爲了「美」，而孔穎達則不同意鄭玄這種將「比」、「興」分屬「美」、「刺」的說法，提出：「其實美刺俱有比興者也。」〔註43〕詩通過「比興」而「美刺」，將比興作爲美刺諷諭的方法，這一點對後世詩文創作影響很大，唐代陳子昂、白居易等所標舉的「美刺比興」說，即導源於此。

　　「比」與「興」的共同特點，在於兩種方法都需要借助於他物（通常爲自然物）來達到稱善諷惡即「美刺」的目的，從這一角度可以將「比興」簡稱爲「比」；同時，無論是比興所「美」之善，還是所「刺」之惡，都與「德」與行相關，從這一角度可以將所「美」之善與所「刺」之惡，通稱作「德」。由此可以看出，通過「比興」來達到「美刺」，本質上也是一種「比德」，二者遵循著共同的類比聯想的思維方法，都是先秦理性的「詩性智慧」和「詩性態度」的具體體現，二者之間所存在的不同之處，只是被用來比德的物象

〔註42〕此據向宗魯《說苑校證》本，中華書局 1987 年版，第 434 頁。
〔註43〕〔漢〕毛亨傳、鄭玄箋、〔唐〕孔穎達疏《毛詩正義》，〔清〕阮元校刻《十三經注疏》本，中華書局 1980 年版，第 3 頁。

有著差別：「比興」需要通過詩中所取「意象」來實現「美刺」，「山水比德」則主要通過自然景觀達到「比德」，而詩中用以比興的意象，又常常爲山川河流、日月星辰、風雨雷電、草木蟲魚等自然物，僅就《詩經》來說，其中用以比興的物象，光是涉及到的草木鳥獸一項，就夠作爲兒童認識大自然的蒙書來用了，因此孔子稱學《詩》可以「多識於鳥獸草木之名」。〔註44〕而晉人陸璣爲了解釋《詩經》中涉及到的「鳥獸草木之名」，甚至專門著有《毛詩草木鳥獸蟲魚疏》兩卷。

　　從西周統治者爲了解釋自己權力的合法性而提出的「以德配天」，到後世儒者「修身、齊家、治國、平天下」的人生理想，中國古代的家族、社會、國家的所有秩序，都奠基於一個「德」字，然而中國古代並沒有出現類似於西方亞里士多德《倫理學》那樣的，通過嚴格的概念範疇，採用嚴密的論證手段所建立起來的嚴整、抽象的道德哲學體系，卻是借詩意的「比興」來實現具體的道德「美刺」，在對「山水」的審美中寄託抽象的道德感悟。無論是以「比興」來「美刺」，還是觀「山水」而「比德」，都是通過具體的形象來表現抽象的道德，在這裡，形象思維與抽象思維交替使用，具體的審美形象與抽象的道德判斷渾然一體，「形而上」的「道」，與「形而下」的「器」契合無間，在審美意義上的「形」中水乳交融。

　　無論是以「比興」來「美刺」，還是觀「山水」而「比德」，重要的都是找到具體的外界物象（主要是自然物）與抽象的人事、人情和道德之間的相似之處。對於異中求同的思維方法，《墨子·大取》解釋說：「有其異也，爲其同也；有其同也，爲其異也」。然而，不同的自然物象之間，以及自然物象與抽象道德之間的「異」，容易被人察見，而「異中之同」則隱匿於不同的自然物象、社會人事當中，因此又有「智者察同，愚者察異」的說法。在以「比興」來「美刺」、觀「山水」而「比德」的過程中，「察同」所採用的都是《周易》中「觀物取類」的方法。

　　當中國古代的哲人將視線從自然物象轉移到作爲勞動產品的服飾上的時候，「比興」以「美刺」或者「山水」以「比德」審美方法和審美態度，也一併轉移了過來。於是，與「山水比德」的方法相近，儒者們又通過服飾來比德。

〔註44〕《論語·陽貨》。

（二）服飾「比德」：對德行的彰顯

在《尚書・堯典》中，社會秩序最初由聖人天子內心的品德開始形成：個人能夠「允恭克讓」、品行端正（「修身」），他的品德便能「光被四表，格於上下」，從而使血緣之內的九族親和（「齊家」），這種個人情感與道德延及血緣之外，就是「九族既睦，平章百姓」（「治國」），個人道德最終的擴展，是爲了「百姓昭明，協和萬邦」（平天下）。這事實上就是後世儒者「修身、齊家、治國、平天下」的由近及遠的思路。合禮得體的服飾，是君子「修身」的內容之一，「君子不可以不學，見人不可以不飾。不飾無貌，無貌不敬，不敬無禮，無禮不立」。〔註45〕因此，《詩經・曹風・鳲鳩》中的「淑人君子」，從服飾上「其帶伊絲」、「其儀不忒」的審美理想出發，到治國、平天下的「正是國人」、「正是四國」的政治理想，才顯得順理成章。合禮得體的服飾，既然是君子「修身」的重要內容，而「修身」實際上主要是「允恭克讓」、端正品德，於是，物質形態的服飾，就跟人的內心道德、精神生活聯繫起來，服飾的各項物態屬性，就成爲各種社會道德美和人格精神美的象徵。

最典型的服飾比德，是「君子於玉比德焉」。《後漢書・輿服志下》曰：「古者君臣佩玉，尊卑有度……佩，所以章德，服之衷也。」玉本是上古溝通天地、事神致福的禮器，《說文解字》卷一釋「靈」字：「巫也，以玉事神，從玉。」段玉裁《說文解字注》云：「巫能以玉事神，故其字從玉。」〔註46〕從字源學上看，「禮」也是跟玉有關的行禮之器，王國維《釋禮》曰：「象二玉在器之形，古者行禮以玉。」〔註47〕《周禮・春官・大宗伯》曰：「以玉作禮器，以禮天地四方。以蒼璧禮天，以黃琮禮地，以青圭禮東方，以赤璋禮南方，以白琥禮西方，以玄璜禮北方。」從這個意義上說，玉是「神人以和」的重要媒介，玉器中已包含了「神人以和」的審美內涵。當溝通天地成爲統治者的特權時，玉又成爲權力和等級的標誌，並在交往禮儀活動中成爲重要的信物，在隆重的外交活動中，爲了表示莊重、誠摯，需要執玉求見。在這裡，玉又成爲禮樂活動中「人人以和」的中介。由於中國古代社會的權力、等級總是跟道德品行聯繫在一起，作爲權力、地位的象徵，玉本身的質地、色澤、紋理等天然物理屬性，使玉很適合用來象徵君子的品德操行，於

〔註45〕　《大戴禮記・勸學》。
〔註46〕　〔清〕段玉裁《說文解字注》，上海古籍出版社 1988 年版，第 19 頁。
〔註47〕　王國維《觀堂集林》，河北教育出版社 2001 年版，第 177 頁。

是玉又由「君子」身份的標誌，成爲「君子」品行的象徵，玉佩也因此而具備了「文質彬彬」的審美價值。

《荀子·法行篇》中記載子貢曾問孔子何以「貴玉而賤珉」，孔子回答：「夫玉者，君子比德焉。溫潤而澤，仁也；栗而理，知也；堅剛而不屈，義也；廉而不劌，行也……故雖有珉之雕雕，不若玉之章章。」玉的顏色柔和溫潤，像仁者態度；質地堅硬，又有文理，像智者處事；雖有廉棱（棱角）而不劌傷他物，像有德行者不傷害他人，因此，即使是具備雕飾文采的珉，也不如本色素質的玉。在《禮記·玉藻》中，也有「君子於玉比德」的說法，《禮記·聘義》篇中總結玉有十一德與君子的理想道德風範相似，而《管子·水地篇》則將玉所代表的君子之德，歸納爲九德：「夫玉之所貴者，九德出焉。夫玉溫潤以澤，仁也；鄰以理者，知也；堅而不蹙，義也；廉而不劌，行也；鮮而不垢，潔也；折而不撓，勇也；瑕適皆見，精也；茂華光澤，並通而不相陵，容也；叩之其音清搏徹遠，純而不殺，辭也。是以人主貴之，藏以爲寶，剖以爲符瑞。九德出焉。」在《說文解字》中，玉之德又簡化爲仁、義、智、勇、潔五德。〔註 48〕總之，無論是九德、十一德，還是五德，都是對玉的自然物理屬性的倫理審美化。

服飾可以「比德」，一定的服飾便具有了一定的含義，這使某些與服飾相關的行爲具有了某種特定的含義，從而成爲表達情感、意願、心境、態度的某種程序。因此，《國語·魯語上》曰：「服，心之文也。如龜也，灼其中，必文其外。」從這個意義上，服飾又可以被看作一種特殊的語言。君子於玉比德，因此玉佩又稱德佩，「德」常常與君子的身份地位相對應，尊者之德盛，卑者之德微，貴賤有別，德有等差，佩玉便也各不相同。有時，同一個人，場合不同，佩玉也有所不同。根據《禮記·玉藻》，世子「君在不佩玉」，孔穎達《正義》解釋說：「謂世子出所處而與君同在一處，則不敢佩玉。玉以表德，去之，示己無德也。」〔註 49〕世子與君同處時，世子要通過去掉佩玉，來表示自己在君父面前的謙卑。

玉佩除了通過質地以比君子之德，還可以通過形狀來「比德」。《荀子·大略》曰：「聘人以珪，問士以璧，召人以瑗，絕人以玦，反絕以環。」君王

〔註 48〕參見《說文解字》，中華書局 1963 年版，第 10 頁。

〔註 49〕〔漢〕鄭玄注、〔唐〕賈公彥疏《周禮注疏》，〔清〕阮元校刻《十三經注疏》本，中華書局 1980 年版，第 254 頁。

使者所贈的玉佩各有含義，在外交時，便可以一切盡在不言中。其中，玦是環狀帶有缺口的玉飾品，段玉裁《說文解字注》曰：「《九歌注》曰：玦，玉佩也，先王所以命臣之瑞，故與環即還，與玦即去也。《白虎通》曰：君子能決斷則佩玦。韋昭曰：玦如環而缺。」〔註 50〕玦除了表示決絕、絕人，還可以表決斷、果斷的精神。《莊子‧田子方》曰：「緩佩玦者，事至而斷。」因為玦象決斷之德，所以在鴻門宴上，「范增數目項王，舉所佩玉玦以示之者三」，〔註 51〕暗示項羽要有決斷，珍惜時機以除掉劉邦。

玉佩主要是通過質地和形狀以「比德」，而先秦的各種冠帽，則主要是通過形制來象徵各種德行：法冠，為執法者所戴，又稱獬豸冠，因為「獬豸神羊，能別曲直」；武冠，為左右虎賁、羽林等武官所戴，因冠上左右加雙鶡尾，因為「鶡者，勇雉也，其鬥對一死乃止」，所以，武冠又稱鶡冠，是勇猛的象徵，「故趙武靈王以表武士，秦施之焉」；〔註 52〕侍中、常侍等官，又於武冠上加金璫貂蟬與貂尾，《晉書‧輿服志》記載，「侍中、常侍則加金璫，附蟬為飾，插以貂毛，黃金為竿，侍中插左，常侍插右」，金璫貂蟬和貂尾各有「比德」，《晉書‧輿服志》解釋說：「應劭《漢官》云：『說者以為金取剛強，百鍊不耗。蟬居高飲清，口在掖下。貂內勁悍而外柔縟。』又以蟬取清高飲露而不食，貂則紫蔚柔潤而毛不彰灼，金則貴其寶瑩，於義亦有所取。」〔註 53〕

儒服也被用來「比德」。《禮記‧儒行篇》曾記載孔子「少居魯，衣逢掖之衣」，逢掖之衣，是魯地儒者所穿的大袖之衣，又被稱作儒服，與大袖之衣相配的，是圜冠和句屨。《莊子‧田子方》中記載了魯國儒服所彰顯的儒者德行：「儒者冠圜冠者，知天時；履句屨者，知地形；緩佩玦者，事至而斷。」「句屨」即方屨，成玄英解釋說：「天圓地方。服以象德，故戴圓冠以象天，履方屨以法地。」〔註 54〕儒者戴圓頂帽子以象天，寓意懂得天時，穿著方形的鞋子以象地，寓意知曉地理，身上佩戴五彩絲縧繫著玉玦，以象決斷之德。

戰國時期屈原所作《離騷》、《涉江》等辭章中，多次強調了香草佩飾、高冠「奇服」的「比德」作用，用「芳與澤其雜糅兮」的服飾，來表現「唯昭質其猶未虧」的美好品質，「昭質」，指潔白光明的品質。在《涉江》中，

〔註 50〕　〔清〕段玉裁《說文解字注》，上海古籍出版社 1988 年版，第 13 頁。
〔註 51〕　《史記‧項羽本紀》。
〔註 52〕　《後漢書‧輿服志下》。
〔註 53〕　〔唐〕房玄齡等《晉書》，中華書局 1974 年版，第 768 頁。
〔註 54〕　楊柳橋《莊子譯詁》，上海古籍出版社 1996 年版，第 414 頁。

描寫了「奇服」，「余幼好此奇服兮，年既老而不衰。帶長鋏之陸離兮，冠切雲之崔嵬。被明月兮珮寶璐」；在《離騷》中，則強調了荷衣蘭佩：「扈江離與辟芷兮，紉秋蘭以爲佩」，「制芰荷以爲衣兮，集芙蓉以爲裳」，這些描寫，固然與楚地巫風盛行有關，然而之所以要「佩繽紛其繁飾兮」，更是爲了使「芳菲菲其彌章」，通過這些奇異美麗的服飾，香草的芳香馥鬱，來昭顯穿著者高潔美好的品質。

上文提到廣義的服飾「比德」，既包括比「天地之德」，又包括比「人倫之德」。有時候，服飾可以既比「天地之德」，又比「人倫之德」，將「天地之德」與「人倫之德」融於一體。如《禮記・深衣》對於深衣的解釋：「古者深衣，蓋有制度，以應規、矩、繩、權、衡。」規即圓規，矩爲曲尺，繩指墨線，權爲秤錘，衡爲衡杆。深衣如何來應「規、矩、繩、權、衡」呢，《禮記・深衣》又解釋說：「袂圜以應規，曲袷如矩以應方。負繩及踝以應直。下齊如權、衡以應平」。深衣的衣袖作圓形，以與圓規（規）相應，衣領如曲尺以與正方（矩）相應，衣背的中縫長到腳後跟以與垂直（繩）相應，下邊齊平如秤錘（權）和衡杆（衡）以與水平相應。規、矩、繩、權、衡分別爲天道的象徵：「制度陰陽，大制有六度：天爲繩，地爲準，春爲規，夏爲衡，秋爲矩，冬爲權。」〔註55〕同時，深衣形制中的規、矩、繩、權、衡又象徵人的德行，《禮記・深衣》說：「故規者，行舉手以爲容。負繩抱方者，以直其政，方其義也。……下齊如權、衡者，以安志而平心也。五法已施，故聖人服之。故規、矩取其無私，繩取其直，權、衡取其平，故先王貴之。」深衣袖圓似規，象徵舉手行揖讓之禮；領方如矩、背後垂直象繩，象徵政教不偏，義理方正；下擺平衡如權，象徵志向恒定而心地平正。深衣符合圓規和曲尺，取無私之義，垂直如墨線取正直之義，齊平如權衡取公平之義。就這樣，深衣既象徵天地之道，又象徵人間德行，將天地之德與人倫道德融爲一體。

（三）服飾「比德」：對德行的約束

服飾「比德」，既是對「德」的彰顯，也是對人「行」的約束。通過「比德」，服飾將個體的人角色化爲社會成員，對社會成員的行爲提出了角色化的要求。就帝王冕冠來說，「冕綖採用前低後高的形式，言因王者的職位至高，未免有驕矜之氣，爲使其位雖彌大至高，也要有彌下之氣志；冕有垂旒，所

〔註55〕《淮南子・時則》。

以蔽明，示王者不視非和不視邪；冕的兩旁用紞懸瑱，天子用玉、臣用象石，也叫做充耳，他的作用謂用以塞明，示有所不聞，不聽讒言，不聞不急之言」。〔註56〕《淮南子・主術訓》曰：「故古之王者，冕而前旒所以蔽明也，黈纊塞耳所以掩聰，天子外屏所以自障。……夫目妄視則淫，耳妄聽則惑，口妄言則亂。夫三關者，不可不慎守也。」黈纊，即冕的兩旁懸在兩耳邊的丸狀玉石（或者黃色絲綿做成的球狀裝飾），〔註57〕用於「蔽明」、「掩聰」的冕旒和黈纊，就是對於王者不視非，不視邪，有所不聞，勿聽讒言，「非禮勿視，非禮勿聽，非禮勿言，非禮勿動」的行為規範。

　　玉佩除了對於君子可以「表德勸善」之外，對於君子的行為，也有一定的約束作用。《禮記・玉藻》曰：「古之君子必佩玉，右徵角，左宮羽。趨以《采齊》，行以《肆夏》。周還中規，折還中矩。進則揖之，退則揚之，然後玉鏘鳴也。故君子在車，則聞鸞和之聲，行則鳴佩玉。是以非辟之心，無自入也。」〔註58〕按照古代禮俗，德佩的鏗鏘和鳴聲，應當協於律呂，緩急有節、輕重適度，而只有中規中矩的步履和儀態，才能產生德佩鏘鳴的音樂美，這便形成了對於君子行動的節制。后妃佩玉，又另有規範行為的作用。先秦禮制，王后夫人侍夜，要在淩晨雞鳴時分穿好朝服，戴好佩飾，離開君王居所，離開時，所佩玉佩發出聲響，因此又叫「鳴佩而去」。漢代劉向撰《列女傳》卷二記載：「夫禮，后夫人御於君，以燭進。至於君所，滅燭，適房中，脫朝服，衣褻服，然後進御於君。雞鳴，樂師擊鼓以告旦，后夫人鳴佩而去。」如果君王晏起，王后夫人離開君王住所晚於雞鳴時分，就叫「佩玉晏鳴」，是違背禮制的行為。按照西周魯《詩》學派的看法，《詩經・周南・關雎》，就是刺周康王的王后侍夜晏起而作。因此，《漢書・杜周傳》記載：「佩玉晏鳴，《關雎》歎之。」顏師古注引李奇曰：「后夫人雞鳴佩玉去君所，周康王后不然，故詩人歎而傷之。」

〔註56〕周錫保《中國古代服飾史》，中國戲劇出版社 1984 年版，第 16 頁。
〔註57〕參見黃能馥、陳娟娟《中國服裝史》，中國旅遊出版社 1995 年，第 26 頁。
〔註58〕「左宮羽」，〔清〕阮元校刻《十三經注疏》本作「左宮月」，疑誤。鄭注、孔疏皆引作「宮羽」。

結 語

　　近兩萬年前山頂洞人隨葬的紅色飾物，被認為代表了最早的「審美」消息的萌動，[註1] 從這個意義上，可以說人類審美文化的最初產生，與人體裝飾不無關係，因此，貢布里奇在《秩序感——裝飾藝術的心理學研究》中說：「人們相信，最早的圖案之一就是人身體上的裝飾，人們用化妝品、顏料、文身、珠寶、頭飾、服裝來裝飾自己，並把這些東西以各種不同的方式結合起來使用，以達到驚人的效果。」[註2] 然而，人體裝飾，最初僅僅是為了達到驚人的效果嗎？這驚人的效果除了跟飾物本身的物理屬性以及人類感官的生理屬性有關外，又在多大程度上跟人的主觀意識、文化心理有關呢？我們已很難推知山頂洞人精心打磨紅色飾物背後的動機和心理，但是我們可以通過文獻記載與考古資料來考察先秦時代服飾審美文化發展的動因和過程。

　　李澤厚認為，「審美對象之所以能夠出現或存在，亦即某些事物之所以能成為美學客體，它們之所以能使人感受到美，確乎需要一定的主觀條件，包括具備一定的審美態度、人生經驗、文化教養等等」。同時，他又指出，「審美對象之所以能出現或存在，要有客觀方面的條件和原因，即審美性質的存在或潛在」。[註3] 李澤厚所說的對於審美對象產生影響的主觀與客觀兩方面的條件和原因，具體到先秦服飾審美文化的分析上，可以看到，服飾的不同

〔註1〕參見廖群《中國審美文化史·先秦卷》，山東畫報出版社 2000 年版，第 13～15 頁。
〔註2〕E·H·貢布里奇《秩序感》，楊思梁、徐一維譯，浙江攝影出版社 1987 年版，第 120 頁。
〔註3〕李澤厚《美學四講》，天津社會科學出版社 2001 年版，第 72 頁。

顏色、形制、圖案等形式因素在先秦既然被賦予了不同的含義，具有不同的社會功能，先秦對於服飾的審美判斷和審美選擇，就不能不受到服飾文化含義的影響，人對於服飾的審美感知的形成，與對其他事物的審美感知相同，「就個體來說，有其生活經歷、教育薰陶、文化傳統的原由。就人類來說，它是通由長期的生活實踐（首先是勞動生產的基本實踐），在外在的自然人化的同時，內在自然也日漸人化的歷史成果」，〔註 4〕另一方面，服飾本身的客觀因素，包括服飾自身的顏色、形制、圖案、質料等物態因素，以及服飾構成的比例、對稱、和諧、秩序、多樣統一等形式規律，也會對人們的服飾審美判斷和審美選擇發生影響。這後一方面因素對於服飾審美選擇的影響，需要考慮人的感官對於服飾的物態和形式因素所產生的生理反應。由此，影響服飾審美判斷和審美選擇的，就至少具有了三方面因素，即文化因素、人的生理因素以及服飾自身的物理因素。

文化因素、人的生理因素、服飾的物理因素三者對於先秦服飾審美判斷與審美選擇所發生影響的複雜性，突出表現在對於服飾顏色的選擇上。儘管人對於色彩的反應，首先應該是一種生理心理活動，但是人又不僅僅只有生理感知，人還是各種社會關係的總和，人是符號的動物。人對服飾審美色彩的判斷，常常包含著豐富的社會和文化內容，要受一定時代的社會價值取向和哲學觀念的影響。對於先秦服飾顏色的審美判斷影響最大的，是正色間色尊卑論。本書第四章第二節已提到，中國古代將青、赤、黃、白、黑看作正色，綠、紅、碧、紫、駵黃被認作是間色，正色尊而間色卑，因此，孔子對於齊桓公好紫衣才表示憎惡，「惡紫之奪朱也」。從色彩的物理屬性上說，青（相當於藍）、赤、黃恰好為三元色（不能用其他顏色調配出來的顏色），而白色則是反射一切光的顏色，黑色是吸收一切光的顏色，這五種顏色在色譜裏面位置都很突出，然而中國古代將這五種顏色列為正色，是否跟五種顏色本身的光學屬性有關，現在我們還沒辦法探究，我們只知道，戰國時期陰陽五行思想開始盛行之後，五種正色被分別與五行、五方相配（參見附圖二），被稱做五方色，而五種間色（二次色）被稱為五方間色，正色間色尊卑說得到了陰陽五行化的解釋並得以穩固下來，千百年來一直或明或暗地影響著人們對於服飾顏色的選擇。

從人的生理反應上來說，綠色光的波長居中，既不會使機體產生擴張性

〔註 4〕李澤厚《美學四講》，天津社會科學院出版社 2001 年版，第 75 頁。

反應，也不會使機體產生收縮性反應，易於使人寧靜，因此，在西方人看來，「綠色是生機盎然的象徵」，〔註5〕然而在先秦時期，綠色由於是間色、雜色，地位卑下，因此《詩經・召南・綠衣》用「綠衣黃裏」、「綠衣黃裳」來比喻嫡妾之禮的廢亂，與「紫之奪朱」一樣，象徵以卑陵尊，以下侵上的僭越與失禮。隋唐以後，綠色也被用爲品官服色，但是綠衣代表低賤的等級，爲人厭惡，據《新唐書・鄭餘慶傳》記載：「每朝會，朱紫滿廷而少衣綠者。」此外，「綠頭巾」更是成爲淫邪和屈辱的象徵，明代郎瑛《七修類稿》卷二十八「綠頭巾」條下載：「吳人稱人妻有淫者爲綠頭巾，今樂人朝制以碧綠之巾裹頭，意人言擬之此也。原唐史李封爲延陵令，吏人有罪，不加杖罰，但令裹碧綠巾以辱之，隨所犯之重輕以定日數，吳人遂以著此服爲恥意。今吳人罵人妻有淫行者曰綠頭巾，及樂人朝制以碧綠之巾裹頭，皆此意從來。但又思當時李封何必欲用綠巾？及見春秋時有貨妻女求食者，謂之娼夫，以綠巾裹頭，以別貴賤。然後知從來以遠，李封亦因是以辱之，今則深於樂人耳。」〔註6〕

在西方人看來，「黑色使人迷惑不解——常被當作否定、破壞、空虛、神秘莫測的表示」，〔註7〕但是在先秦「天玄地黃」觀念下，玄（黑）色被認作是天的顏色，因此是至高無上的，先秦時代的禮服，常常使用黑色。即使婚禮禮服，也使用黑色。根據《儀禮・士昏禮》的記載，婚禮時「女次純衣纁袡」。鄭玄《注》解釋說，「次，首飾也」，「純衣，絲衣。女從者畢袗玄，則此亦玄矣。袡亦緣也，袡之言任也，以纁緣其衣象陰氣上任也。」純衣，爲玄（黑）色衣。賈公彥《疏》解釋「純衣」說，「婦人尚專一，德無所兼，連衣裳不異其色」，「絲衣亦同玄色」。〔註8〕可見，先秦婚禮時，新娘要穿一身黑（玄）色衣，只是衣緣飾以纁色。直到南北朝時，婚禮還要在黑色布幔搭成的「青廬」中舉行，因此古樂府詩《孔雀東南飛》稱：「其日牛馬嘶，新婦入青廬。」段成式《酉陽雜俎・禮異》卷上記載此婚禮風俗曰：「北朝婚禮，

〔註5〕　〔美〕卡洛琳・M・布魯墨《視覺原理》，張功鈐譯，北京大學出版社 1987年版，第 131 頁。

〔註6〕　〔明〕郎瑛《七修類稿》，《續修四庫全書》本，上海古籍出版社 2002 年版，第 198 頁。

〔註7〕　〔美〕卡洛琳・M・布魯墨《視覺原理》，張功鈐譯，北京大學出版社 1987年版，第 131 頁。

〔註8〕　〔漢〕鄭玄注、〔唐〕賈公彥疏《儀禮注疏》，〔清〕阮元校刻《十三經注疏》本，中華書局 1980 年版，第 211 頁。

青布幔爲屋，在門內外，謂之青廬，於此交拜。」〔註9〕

後世將大紅色看作是喜慶吉祥的顏色，尤其是婚禮慶典，從衣服到飾物，各種顏色的選擇，總傾向於選用紅色，這應該跟紅色在五行中的位置有關。今天的大紅色，古代稱赤色、朱色，赤色與五行中的「火」對應，與五情中的「喜」相對應，因此，後世又用赤色來取代黑色，成爲婚禮禮服的顏色。

先秦服飾顏色的選擇，也有違背正色間色尊卑論，最終還是色彩自然屬性所引起的人的生理心理反應起了決定作用，如「齊桓公好服紫，一國盡服紫。當是時也，五素不得一紫」，〔註10〕儘管孔子對「紫之奪朱」表示憤慨，但是波長最短的紫色，由於「具有穩重、華貴的性格特徵」，在色彩心理學上「被視作權威的象徵」，後世仍然被視作富貴的色彩，〔註11〕唐代詩人韓愈的詩作《送區弘南歸》稱：「佩服上色紫與緋」，就證明了這一點。

由上文可見，先秦對於服飾顏色的審美判斷和審美選擇，既需要遵循一定的倫理原則，又受色彩的物理屬性所引起的人的生理心理反應的影響。服飾色彩被逐漸陰陽五行化之後，對客觀的顏色作出尊與卑、吉與凶的區別，就更容易了。在服飾色彩的選擇中，尊貴、吉祥的顏色就是美的、善的。文化含義對於服飾審美判斷的影響，常常掩蓋了人對色彩本身物理屬性的生理反應，偶而的情況下，人對色彩物理屬性的生理反應，又會克服文化含義對於服飾審美判斷的影響，成爲服飾顏色審美選擇的決定性因素。

拙著所作的工作，主要還只是考察先秦哲學觀念、文化因素以及社會意識等人類主觀條件對於服飾審美文化的影響。使審美對象得以存在的「客觀方面的條件和原因」如何對人的審美判斷發揮作用？先秦時代對於服飾的審美判斷和審美選擇，與服飾自身客觀方面的物態因素和形式規律之間又有什麼樣的關係呢？在考察過程中，發現要解決這個複雜的問題，需要運用心理學、語言學、考古學、文化人類學、發生認識論等各學科的知識進行綜合分析，這是目前拙著尚無力做到的，還需要投入更多的努力。

〔註9〕〔唐〕段成式《酉陽雜俎》，中華書局 1981 年版，第 7 頁。

〔註10〕《韓非子・外儲說左上》。

〔註11〕黃能馥、陳娟娟《中國服飾史》，上海人民出版社 2004 年版，第 92 頁。

附圖表

附表一

→（組合系列）

	冠			衣	裳	履
大裘冕十二章	十二旒衮冕	中衣	大裘	玄衣（六章）	纁裳（六章）	赤舄
衮冕九章	十二旒衮冕	中衣		玄衣（5章）	纁裳（4章）	赤舄
鷩冕七章	九旒鷩冕	中衣		玄衣（3章）	纁裳（4章）	赤舄
毳冕五章	七旒毳冕	中衣		玄衣（3章）	纁裳（2章）	赤舄
希冕三章	五旒希冕	中衣		玄衣（1章）	纁裳（2章）	赤舄
玄冕一章	三旒玄冕	中衣		玄衣（無章）	纁裳（1章）	赤舄

↑（聚合系列）

按：上表中，橫向所列的服飾符號構成組合關係，縱向所列服飾符號構成聚合關係。

附表二

五行	木	火	土	金	水
五星	木星	火星	土星	金星	水星
五時	春	夏	季夏	秋	冬
五方	東	南	中	西	北
五位	左	上	中	右	下
五色	青	赤	黃	白	黑
五聲	角	徵	宮	商	羽
五帝	青帝靈威仰	赤帝赤熛怒	黃帝含樞紐	白帝白招拒	黑帝汁光紀
五神	句芒	祝融	后土	蓐收	玄冥
五獸	蒼龍	朱雀	黃龍	白虎	玄武
五情	怒	喜	思	憂	恐
五常	仁	禮	信	義	智
五數	八	七	五	九	六
五味	酸	苦	甘	辛	鹹
五臟	肝	心	脾	肺	腎

附圖一〔註1〕

甘肅辛店出土放牧紋彩陶盆

附圖二

西方半坡新石器遺址出土繪有人面魚紋的陶缽

〔註1〕附圖一、二、四、五、六、七、十分別選自黃能馥、陳娟娟《中國服飾史》，
上海人民出版社 2004 年版，第 31、30、31、72、73、63、66 頁。

附圖三〔註 2〕

甘肅寧定出土半山型紋面人形彩陶器蓋

附圖四

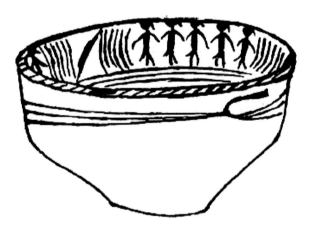

青海大通縣上孫家寨新石器遺址出土繪有舞人形象的彩陶盆

〔註 2〕附圖三、八分別選自黃能馥、陳娟娟《中國服裝史》，中國旅遊出版社 1995
年版，第 11、96 頁。

附圖五

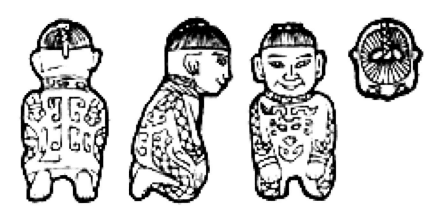

河南安陽殷墟出土玉人，頭頂總髮後垂，身穿龍袍，領圈飾雲雷紋，
後背飾黻紋，前胸飾龍頭紋，兩臂飾降龍紋，兩腿飾升龍紋。

附圖六

河南安陽四盤磨村出土商代貴族白石雕像，肩背飾目紋，兩臂飾變形
雷紋，鞾或者黻上，有鮮明的羊頭紋飾（一說爲牛頭紋飾）。

附圖七

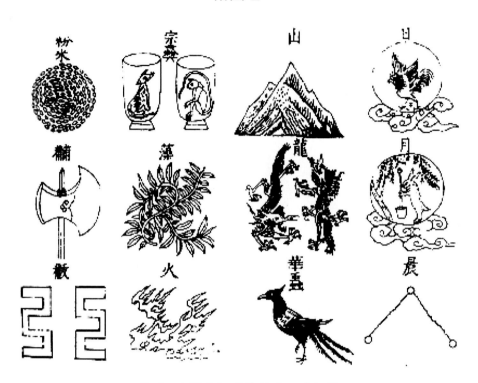

明《三才圖會》所繪的十二章紋樣

附圖八

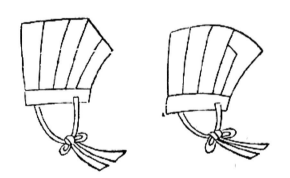

宋代聶崇義《三禮圖》中所繪進賢冠

附圖九〔註3〕

天子赤舃

附圖十

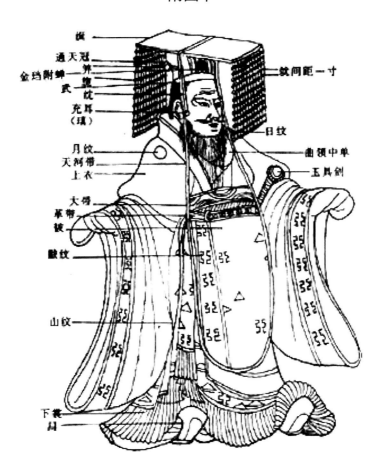

帝王冕服各部位名稱說明圖

〔註3〕附圖九選自陳茂同著《中國歷代衣冠服飾制》，百花文藝出版社 2005 年版，第 38 頁。

後 記

  2004 年夏天，我尚在山東大學攻讀博士學位，一日在去學校圖書館的途中，偶遇導師陳炎先生。當時他正準備撰寫論文《中國與西方服飾的古代、現代、後現代特徵》，囑我代他借幾本中西服飾方面的書，書借來了，他又命我幫他進一步查找一些關於中西服飾方面的資料。由此，我很榮幸地參與了這篇論文的寫作，在此過程中對古代服飾產生了興趣，進而決定把先秦服飾審美文化作為學位論文的論題。在寫作過程中，陳炎老師在文明與文化、中國古典社會的「民族社會結構」、「民族文化結構」、「民族思維結構」等方面的理論建樹，成為我分析古代服飾的重要理論工具。

  論文的完成，還要感謝章亞昕先生。他聽聞我的學位論文以古代服飾為題，不僅慷慨地將他已經完成而尚未出版的手稿《中國服飾文化與角色心態》（初稿與定稿）、《閒情無價 —— 談閒暇對人生的意義》借給我看，還多次對我的論文提出寶貴的建設性意見。小文中關於服飾對於「身份化」的作用，即受益於章先生的指點與啟示。

  2005 年的春天，為了寫作這篇論文，我去書店尋找相關資料，遇到長年身體力行以復原古代禮儀服制的吳飛（字笑非）先生，他看到我在查找古代服飾方面的書，遂推薦了很多資料。素不相識，僅因興趣相同，便給予熱情的幫助和鼓勵，令人感懷。

  當時，由於美學專業的學習，我獲得了理論方法的充實。我像一個好奇而又頑皮的孩子，將這些方法當成了新奇的眼鏡，興奮地張望著不同理論方法透視下，歷史事件與歷史現象所呈現出來的不同的意義。博士畢業之後，雖然因為工作等因素，不再有機緣繼續原來的研究方向，但那種興奮與愉快，

已經成為人生經歷中寶貴的記憶。熱情是主觀體驗，而客觀上當時個人的學識還很淺薄，對於先秦與上古史，以及考古資料的掌握都很有限，因此在寫作這個專題時，不可避免地留下了種種闕誤，還請方家予以指正。

　　最後，感謝花木蘭文化出版社的各位先生，感謝他們使小文得以出版面世。

李　梅

2014 年 4 月 9 日